U0006337

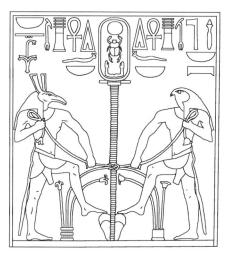

塞特（左）與荷魯斯（右）將百合及紙莎草打結，
它們分別代表著上埃及與下埃及，上方的象形文字
意為「統一」。

喪葬之神阿努比斯，司職防腐相關
事宜，也是帶領亡者前往來世之域
的嚮導。

作者的話

非常感謝朱莉・佩特瑙德（Julie Patenaude）閱讀和評論本書的各式草稿。我也感謝以下幾位的支持：安德魯・貝德納爾斯基（Andrew Bednarski）——他是一位大好人！——瑪姬・布賴森（Maggie Bryson）、亨寧・弗蘭茲邁爾（Henning Franzmeier）、坎貝爾・普賴斯（Campbell Price）、埃及探索協會、埃及美國研究中心，以及 Thames & Hudson 出版社的優秀編輯團隊。我還要特別感謝埃及探索學會的學生們，他們在我開設的「墓塚神鬼：古代埃及的神話與宗教」課程裡，見證這本書的「現場表演」。在我的寫作過程中，他們的寶貴意見提供了許多幫助。

目次

PART THREE

死亡神話（死後的狀況）

前言

　　在我出生之前發生了什麼事？在我身邊正在發生著什麼事？在我死後又會發生什麼事？古埃及人就像今天的我們一樣，也在尋找這些基本問題的答案；他們也像我們一樣，以觀察周圍世界為基礎，建構出種種理論。現在我們所謂的「古埃及神話」，就是這些觀察的結果；古埃及人從這些神話建構出獨一無二的世界觀。

　　神話不僅是敘述英雄與諸神事蹟的故事集，還提供一種理解世界的方式。天空中有顆大光球，每早升起，巡遊一日，沉入西方。那是什麼？它往何方？你也許會問道，它是如何移動的？你看到的太陽，不管是拉（Re）神乘著太陽船航行天空，或是核反應產生的巨大太陽引力拉著我們，你正在觀察的是同一種現象。不懂得粒子物理學的埃及人，試圖增進宇宙知識，他們只是得出了不同的結論而已。他們的解釋有助於形成他們

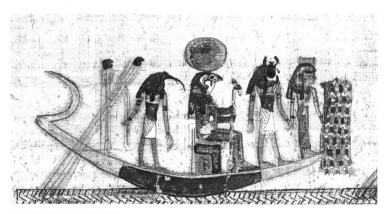

鷹頭的拉神乘著太陽船航行。

小荷魯斯（Horus）是歐西里斯（Osiris）和伊西絲（Isis）的兒子。

獨特的觀念，塑造他們的體驗；神話成為社會的支柱，是對無情現實的全方位文化過濾器。一旦生活為神話的意識形態的內在邏輯所浸染，它就變得更有意義了；秩序代替混沌，掌控取代無助；知識戰勝無知。而有著猛烈沙塵暴和致命毒蠍的世界，就變得不那麼可怕了。

　　古埃及神話故事始終存在於人們的生活之中：每天一再發生，不斷重複著創造、毀滅和重生的循環，在諸神互動之網中纏繞不休。並不需要將這些故事安排為一種固定的敘事。每人每天都是自己神話故事的主人翁。諸神是人格化的力量，出現在被造世界的每個角落；神話故事的先例（precedent）可用來解釋超凡事件，也可用來解釋俗世生活發生的大小事，將個人與眾神的世界相連。此外，埃及人藉由援引神話事件，讓自己

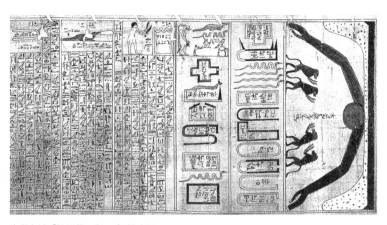

來世之域「杜阿特」（Duat）的土丘。

與神同化了。一個頭痛的人成為被母親照顧的小荷魯斯，而孩子的母親則成為伊西絲；在死亡之中，亡者穿越來世之域，變成各種神，暫時獲得每位神的權力。埃及神話具有足夠的彈性，當人們試圖解釋自然世界、生存挑戰及生活的喜悅時，都可以嵌入每個人的生活之中。神話及其中詳述的諸神行為，回答了「為什麼這會發生在我身上？」神話先例給人帶來安慰。

重建埃及神話 ▷

今天，埃及學家面對的埃及神話是從西元前 3050 年到西元初始幾世紀，由來源各異、零散破碎的資料彙集而成。可以看出，「古埃及」橫跨很長的歷史，通常劃定的時間超過三千年。埃及學家難以確定歷史事件的具體日期，因而不用西元前某某年的紀年法，而傾向於使用某位國王的統治、某位國王的王朝

或某位國王統治的時期來標示年代。西元前 3 世紀，埃及祭司曼奈托（Manetho）將埃及的君王統治時期劃分為 30 個朝代（後世作者又新增第 31 王朝）。雖然每個王朝暗示著不同的統治世系，有著獨自的血統傳承，但並非全然如此，因為曼奈托還以建造第一座金字塔或皇居遷移等重大事件來斷代。現代埃及學家採用曼奈托的王朝劃分法，並依據王權的統一或分裂狀態作為更大的年代區分。全國處於單一國王統治的有：早王朝時期、古王國時期、中王國時期、新王國時期、晚期，而王權分裂的情況包括：第一中間期、第二中間期、第三中間期。以上這些通稱為「法老時代」。在法老時代之後是托勒密王朝，由馬其頓─希臘出身的國王統治埃及；接著是羅馬統治時期。我在這本書也遵循這種埃及學的斷代慣例。

埃及年表

法老時代	早王朝時期	約西元前 3,050- 前 2,660 年	第 1-2 王朝
	古王國時期	約西元前 2,660- 前 2,190 年	第 3-6 王朝
	第一中間期	約西元前 2,190- 前 2,066 年	第 7-11 王朝
	中王國時期	約西元前 2,066- 前 1,780 年	第 11-12 王朝
	第二中間期	約西元前 1,780- 前 1,549 年	第 13-17 王朝
	新王國時期	約西元前 1,549- 前 1,069 年	第 18-20 王朝
	第三中間期	約西元前 1,069- 前 664 年	第 21-25 王朝
	晚期	西元前 664- 前 332 年	第 26-31 王朝
托勒密王朝		西元前 332- 前 30 年	
羅馬統治時期		西元前 30- 西元 395 年	

兩土（The Two Lands）

埃及是個地形對比鮮明的國度：尼羅河從南向北流淌，在尼羅河谷蜿蜒前行，兩旁是窄條狀的耕地；尼羅河流到古代孟斐斯（Memphis）——現在的開羅——散開形成一系列支流，造就了肥沃的下游三角洲。由於這種地形的巨大變化，埃及人將他們的國家分為上埃及（南部）和下埃及（北部）兩部分；以孟斐斯為界，上埃及是上游南方區域的尼羅河谷，下埃及則是下游北方區域的三角洲；兩者合稱為「兩土」。不同的王冠代表這個國家的不同部分：「紅冠」代表下埃及，「白冠」代表上埃及，兩個王冠合起來的「雙冠」，象徵國王統治了整個國家。同樣的，埃及人深感土地的強烈對比：將貧瘠乾燥的沙漠稱為「紅土」，而肥沃可耕的土壤則是「黑土」。東、西方也有各自的意義：埃及人看著太陽由東方冉冉升起，就將東方與新生、重生相連；而每晚太陽「死去」的西方則成為亡者的國度，這就是墓區常常建在尼羅河西岸沙漠的原因。

　　由於沒有任何單一來源可以簡單解釋古埃及人的神話，因此，埃及學家不得不從遙遠時代留存下來，現已支離破碎的證據，拼湊出神話的樣貌。一些神話記載在墓地或神廟內發現的莎草紙書上；另外一些神話則是從墓碑找到。這些資料來源的現代名稱反映了它們的出處：《金字塔文》（*Pyramid Texts*）是從古王國時期第 5 王朝結束時的皇家金字塔壁上找到的刻文；《棺槨文》（*Coffin Texts*）是從中王國時期的棺木上找到的記載，而這些棺木葬著能負擔得起這種奢侈品的富貴人家。《亡

靈書》（*Book of The Dead*），又被埃及人稱為《通往光明之書》（*Book of Coming Forth by Day*），為亡者提供了來世的旅行指南，使用於第二中間期末期至之後的一千多年間，抄寫在莎草紙書卷和棺木上。幾乎在所有情況下，神話都是縮略版，或僅被隱晦提及。有時是出於禮儀的原因：在喪葬紀念碑上，埃及人避而不談歐西里斯的死亡，因為在陵墓環境下描述這件痛苦的事情，可能會傷害亡者。而在其他情況下，沒有必要全面解釋神話，是假定讀者都熟知這則故事。

在漫長的埃及歷史上，埃及受到整個地中海東部和近東世界的文化影響，在某些時期甚至受到這些異族的統治：從亞述人、波斯人到後來的馬其頓—希臘人和羅馬人。埃及神話不斷地與時俱進，受外來文化的影響，吸收新元素，並找到新的表述方式。埃及行政區叫做「諾姆」（nome），不同的諾姆都發展出不同的地方版本神話；沒有所謂的正確單一版本。這點既讓人傷透腦筋，也讓人如釋重負：傷腦筋的地方，是因為任何一本關於埃及神話的指南都不能真正反映埃及人的信仰；而我如釋重負的原因，則是知道自己不會陷入編年史家的死板重述。本書接下來的內容更類似於普魯塔克（Plutarch，編按：羅馬時代的希臘歷史學家、作家，著有對西洋文學影響深遠的《希臘羅馬名人列傳》）的作品，而不是從事典型的學術分析；普魯塔克抽離出歐西里斯神話的元素，為希臘觀眾加以重編。我會像普魯塔克一樣，某些地方採用從不同時代獲取的神話片段，形成連貫的敘述。如果讀者可以原諒普魯塔克這種「選擇性描述」的行為，希望我也可以得到諒解。

希臘歷史學家普魯塔克記載了許多埃及神話。

理解諸神 ▷

　　埃及諸神是一個充滿活力、五花八門的群體，他們爭吵、打架、謀殺、交往，可能死於年老體衰（死後將會重生，這說明埃及人對循環的喜愛）。他們也可化身為各種模樣，同時在不同的地點現身，而真正的本尊卻遠隱空中；儘管他們的形象多樣，但他們既非無所不知，也非無所不在。諸神被賦予了特定的神職，例如歐西里斯負責再生，民（Min）神負責生殖；但他們的權力有限，如果要實現個別神職之外的目標，就必須與其他神結合，暫時分享彼此的力量：因此，當太陽神衰弱了，他沒有恢復自我活力的能力和力量，必須每晚與歐西里斯結合，利用歐西里斯的再生力量，使自己在新的黎明得以重生。有時候，當神呈現另一神的特徵時，他就變成另一位神了；所

以，當原本慈愛的哈托爾（Hathor）女神，以「拉之眼」現身攻擊人類時，她的暴怒使她變成了嗜血的塞赫麥特（Sekhmet）女神。雖然，埃及諸神的複雜本質一開始會讓現代讀者十分困惑，但隨著之後的閱讀，讀者會逐漸清晰明白。

我也想特別指出，對時間長河中眾神的演化和五花八門的信仰進行詳盡分析，確實有助於認識諸神，但本書基本上忽略了這類分析，而更著重於強調他們的個性和「人」性。對於那些剛接觸古埃及，或對此只有一些興趣的讀者或學生，希望我的方法會有所幫助，為神話提供有用的介紹，減低過度現代化、分析性的干擾，讓故事自然流露。最重要的是，閱讀這些神話，了解埃及人如何透過神話與世界相連，應該是一大樂事：神話除了知識性的功能之外，也具有娛樂的效果。我希望讀者以這樣的精神來閱讀這本書。

〈前言〉第一段提出了三個問題，這本書就以回答這三個問題來劃分篇章：第一部〈諸神的時代〉解釋我們來自哪裡；第二部〈活人的世界〉解釋我們所處的世界是什麼樣子；第三部〈死亡神話〉則是解釋死後的狀況。當你閱讀時，我希望你能從古埃及人的角度去思考，並試圖從他們的角度來看世界。請接受這些神話的解釋，並想像以這種方式看待及理解世界。這些神話是對古人心理的洞察，是了解埃及人心靈的視窗，它們能向你介紹一種體驗世界的全新（同時也是古老的）方式。

PART ONE　諸神的時代
（解釋我們來自哪裡）

1

失序與創世

　　要了解古埃及人關於創世的思想，或確實重建埃及整體神話，就如同拼圖外盒已遺失，多數拼圖塊也不見了，卻要努力完成一幅拼圖遊戲。

　　過去埃及學家對各地破碎、歧異和顯然矛盾的創世神話殘存部分，根據各自的信仰中心把創世神話分成不同系統：有來自孟斐斯城的「孟斐斯神學」，以及來自赫利奧波利斯（Heliopolis）的「赫利奧波利斯神學」。這種劃分的依據是，認為這些信仰中心創造了（或標準化了）神話的原始資料。有時候，埃及學家主張這些提出不同解釋的信仰中心，彼此之間存在著「競爭」關係。這意謂著，埃及某座城市的祭司會對其他城市的祭司嗤之以鼻，因為他可能認為，以「偉大的鳴叫者」面目現身的阿蒙（Amun）神，地位要在創造拉神的聖牛之上。

　　也許，真的有這種「競爭」關係。但不管情況如何，這些不同的創世敘述，事實上有著高度的一致性，它們具有同樣的基本主題，遵循相似的敘述結構。地區性的信仰中心，似乎只是在普遍認同的神學基本內容上，加入一點自己的東西，強調某些神的重要性、創世的某個階段或某方面，用他們的本地神取

代其他神話版本所提及的另一些神。埃及各地的祭司透過這種方式，提出可供選擇而非彼此競爭的神學理論，這樣就降低了不同宗教信仰之間發生爭執的風險。

因而，儘管不存在普遍認同的埃及創世神話，但對於創世，各方至少有一個共享的最基本概念：在努恩（Nun，意思是「無邊無際的黑暗海洋」）的深淵中，有位神甦醒了，或有了創世的構想。憑藉這位神的力量，他或他的化身變成了被造世界的許多要素，從而創造出了第一批神，以及從水裡浮出來的第一座土丘。此後，太陽初升，給曾經黑暗的地方帶來光明。有些說法指出，太陽是獨立的創世者之眼，有些說法則認為太陽是從一顆蛋中孵化出來的。

在新王國時期，大約西元前 1200 年左右，在底比斯（Thebes）出現了把埃及的主要神學傳統，統一到以阿蒙神為終極創世者的神學體系之下的嘗試。因而，這時期為我們提供了一個極佳的立足點，可以更詳細地描述創世活動。因為這時期的文獻可以提供埃及的世界起源觀念的最佳見解，而且這個時代也將埃及最重要的信仰中心的信仰傳統加以合併，其中主要是：赫爾摩波利斯強調宇宙創造前的 8 位神，也就是接下來會詳述的八元神（Ogdoad）；孟斐斯的普塔（Ptah）神廟，主張言語創造萬物；以及赫利奧波利斯提倡阿圖（Atum），或拉—阿圖（Re-Atum）是從一顆蛋或一粒種子產生，並演化成物質世界。因此，我們在這一章將借鑑埃及學家詹姆斯·艾倫（James P. Allen）的著作成果，在拉美西斯（Ramesses）時代的《阿蒙大頌歌》（*Ramesside Great Hymn to Amun*）的指引下，考察埃及

努恩神將太陽船舉到空中。

太陽船兩邊的赫爾摩波利斯八
元神:兩邊各有4位神。

人對創世的認知。《阿蒙大頌歌》是一份絕無僅有的文獻，它展示了阿蒙祭司的神學研究成果。

創世神 ▷

努恩：無邊無際的水域

　　創世之前的宇宙是片無邊無際的水域，裡面黑暗、呆滯、一動也不動，是一個適合潛水艇而非太空船航行的地方。各種元素尚未分離開來，沒有天地，沒有被命名的事物，也沒有生死。宇宙以這個樣子永久存在著：無限、靜默、沉寂。儘管，對這片無邊無際水域的理解和討論超越了人類的理解，但埃及人將此界糾纏在一起的那些屬性加以人格化，形成幾對不可分離的男女伴侶：男子是青蛙，女子則是蛇。無邊無際的水域：努恩與瑙奈特（Naunet），無窮：胡赫（Huh）與昊海特（Hauhet），黑暗：庫克（Kuk）與考凱特（Kauket），無形：阿蒙與阿蒙奈特（Amunet）。這些力量常統稱為「赫爾摩波利斯的原始八神」，也就是「八元神」（Ogdoad）。Ogdoad 源自希臘字的「八」。

　　赫爾摩波利斯（Hermopolis）的神學家在他們的神話中強調這些創世之前的力量，他們相信，八元神共同創造出第一座土丘（或島嶼），然後生了顆蛋，太陽神就從蛋裡孵化出來。不同的神話有不同的說法，有的說孵化出太陽神的這顆蛋，是由

金字塔形狀可能象徵著創世的第一座土丘。

一位名叫「偉大的鳴叫者」的鵝或形如朱鷺的托特神（Thoth，參見第 56 頁）所生。在其他的版本中，八元神在努恩創造了一朵荷花，荷花生出太陽：太陽先是以聖甲蟲凱布利（Khepri）的樣子出現，然後就變成幼年的奈夫圖（Nefertum）神。奈夫圖的眼睛睜開後，為世界帶來了光明。

　　創世之前的宇宙八大屬性中，無邊無際水域的努恩是特別重要的。有時依照他的男性身分把他畫成一隻青蛙，有時也畫成一名戴了三綹假髮的人，或是畫成一個象徵著慷慨、多產和肥沃的豐產形象。因為，正如我們將會看到的，雖然努恩是惰性、黑暗、無限、一動不動的，但他也有生殖力，他是生育與產生新事物的場所。這點看起來違反直覺：一個黑暗、失序的

地方，如何能產生一種生長和生命的力量呢？埃及是樂觀的文明，他們在努恩之中看到了存在與再生的潛力：光明來自黑暗，重獲肥力的土地從洪水浮現，花朵從沒有生命的乾燥種子生長出來。在失序之中，存在著有序的潛力。

正是在努恩之中，一切事物開始出現。

阿蒙：把自己化為數百萬的神

八神是你（阿蒙）最初的樣子……
他（阿蒙）另外的樣子是八元神。

—— 《阿蒙大頌歌》

前面提到的八元神之一的阿蒙，到西元前 1200 年，在埃及國教獲得至高無上的地位，以至於赫爾摩波利斯的八元神，在那時被視為是阿蒙偉大的無形力量最初的發展階段。埃及人把阿蒙畫成一名藍皮膚的男子，他頭戴插著兩根長羽毛的王冠。他的頭銜「偉大的鳴叫者」說明了他與鵝的關係，鵝在時間初始時以鳴叫聲打破寂靜。阿蒙也被描繪成一頭公羊——公羊是豐饒的象徵。雖然阿蒙的神妻，通常被說是穆特（Mut）；但阿蒙作為努恩的原始力量之一時，他的配偶就是阿蒙奈特（Amunet），她的樣子有時是頭戴下埃及王冠，手持杖頂為莎草紙形狀的權杖。

在中王國時期（西元前 2066- 前 1780 年），阿蒙在底比斯地區崛起；在新王國時期（西元前 1549- 前 1069 年），阿蒙

塞提一世（Seti I）國王（圖右）向阿蒙－
拉神（圖左）俯首致敬。

成為最高的神，被稱為眾神之王。阿蒙象徵著所有無形事物，
存在於努恩之中，也存在於努恩之外，他是超然、無形的，隱
藏於萬物之中，他在創世眾神之前就已經存在了，是由自己所
創。他「把自己的體液與他自己的身體結合，獨自產下了他的
卵」，我們還得知，阿蒙是「使他（自己）最終達致完滿的創
造者」，甚至諸神都不知道阿蒙的真實特性。

他（阿蒙）隱身於諸神之外，無人知道他的特性。
他比天要遙遠，比杜阿特（來世之域）還要深邃。
沒有神見過他真正的樣子，
透過銘文無法洞悉其出巡時的形象，
沒有神能準確證實誰是他。

─────────────────────── 《阿蒙大頌歌》

　不容易接近阿蒙，或許是一件好事，因為我們也知道，「無

創世諸神

赫爾摩波利斯八元神

努恩 Nun ＝ 瑙奈特 Naunet

胡赫 Huh ＝ 昊海特 Hauhet　　庫克 Kuk ＝ 考凱特 Kauket

阿蒙 Amun ＝ 阿蒙奈特 Amunet

底比斯三聯神

阿蒙 Amun ＝ 穆特 Mut
|
孔蘇 Khonsu

孟斐斯三聯神

普塔 Ptah ＝ 塞赫麥特 Sekhmet
|
奈夫圖 Nefertum

赫利奧波利斯的九柱神（Ennead）及荷魯斯

阿圖 Atum

舒　＝　泰富努特
Shu　　Tefnut

蓋伯 Geb ＝ 努特 Nut

歐西里斯　（荷魯斯　塞特　伊西絲　奈芙蒂絲
Osiris　　Horus）　Seth　　Isis　　Nephthys

荷魯斯 Horus

意或有意地說出他神祕身分的任何人」，都會立刻死掉。

　　阿蒙，在努恩之中，也在努恩之外；這位最高的隱身神，決定創造世界：

在寂靜之中，他開了口……
當世界一片死寂的時候，他開始大喊，
他的喊聲迴盪著，而他沒有再次呼喊，
這樣，他造就事物，使事物存續……

—— 《阿蒙大頌歌》

普塔：創世之心

你的（下一個）樣子就是（普塔）－塔坦能（Tatenen）……
他（阿蒙）被稱為（普塔）－塔坦能……

—— 《阿蒙大頌歌》

阿蒙、穆特和孔蘇：底比斯三聯神

根據底比斯神學，阿蒙的妻子是穆特女神。埃及人多將她描繪作人形，但有時也會描繪成母獅。穆特是神聖的女法老、母神。因而埃及人將她刻畫為頭戴上下埃及的雙冠和禿鷲頭飾的女神（禿鷲頭飾一般是女神、王后的配飾）。阿蒙、穆特，與他們的兒子孔蘇（Khonsu）一起形成一組三聯神。孔蘇被畫成頭上同時頂著滿月和新月的孩子（見第 138 頁）。

當阿蒙從事思考與說話這些智力活動時，需要引入另一位神：普塔，他是技藝與工藝之神、是神聖的雕刻匠，象徵著創造性心智的力量。對於普塔的祭司來說，萬事萬物都是「普塔之心的創造物」：不論是神、天空、大地、技藝或技術，都是普塔以思考和說話的方式所創造出來的。普塔的主要信仰地區在現代開羅附近的孟斐斯，形象是一個木乃伊般、緊緊纏著布匹的男人。他站在基座上，緊握權杖，頭戴無沿便帽，留著直直的鬍鬚（這對於神來說很不尋常，因為神通常蓄著彎鬍）。他與反覆無常的獅子女神塞赫麥特，以及他們的兒子奈夫圖（Nefertum），形成了家庭三聯神。奈夫圖被描繪成一個頭頂荷花的孩子。從拉美西斯時代起，當《阿蒙大頌歌》編撰時，塔坦能（浮現的土地）便被視為普塔的化身。因此，兩神合成「普塔—塔坦能」（Ptah-Tatenen），把神聖雕刻師與從努恩之水浮出的最早土地合在一起。

普塔作為創造性心智的力量，代表的是變形的力量，這種力量把創世的想法落實到行動上，把想法變成了物質實體——就像工匠將在街頭開逛時腦中突然乍現的靈光，落實到雕刻雕像的行動上，從而把石頭刻成腦中想像的樣子那般。這在「孟斐斯神學」的文獻中有所爭議，通常解釋如下：創世是透過普塔的心和舌實現；普塔神在心中想像出創造物的各種組成要素，當他說出所要創造的事物的名字時，在他那神聖言語的宣告之下，事物就產生了——他想像的東西都變成了現實。這是「無中生有」的創造。然而，詹姆斯·艾倫近來提出，我們這裡所談的「心、舌」其實屬於最高創世者阿蒙，普塔僅僅是提供了

（左）普塔神。（右）塔坦能神。

塞赫麥特

塞赫麥特女神的名字意思是「強而有力的」，她是一個獅頭
女子，戴著長假髮，頭頂一枚日輪。在極少見的情況下，她
沒有頂著日輪，只以母獅子的樣子出現。塞赫麥特是普塔神
的妻子，奈夫圖的母親。

塞赫麥特可以是危險的力量，也可以是保護的力量。她與瘟
疫、戰爭和侵略有關，瘟疫是由塞赫麥特的使者所帶來，但
人們可以向她祈求免受疾病之苦。如果一個人生病了，他會
請塞赫麥特的祭司用法術知識來治病。

塞赫麥特也是國王的保護者，在戰爭之中陪伴國王左右，向
進犯的敵人噴火。塞赫麥特是嗜殺的「拉之眼」的化身，曾
經試圖毀滅人類，因中計才停止（參見第 63-64 頁）。她的
主要信仰中心在孟斐斯。

變形的力量而已。因此，阿蒙的祭司也許會承認，儘管隱身之神阿蒙「在寂靜之中」開口說話，提供了創世的觀念，但正是作為創世過程之化身的普塔，才使阿蒙的想法得以實現。

胡（Hu）、西阿（Sia）和海卡（Heka）

因為創世神的3個部分──西阿（神聖的知覺）、胡（權威的話語）和海卡（法術）──創世中的智力活動才變得可能。借助海卡的力量，創世神在心中想像出被造世界的樣子；透過權威的話語，他說出事物的名稱而使之產生。這3種力量被人格化為3位獨立的神，據說胡與西阿來自太陽神陰莖所流出的血滴。

然而「在世界上出現兩種事物之前」，海卡就存在了，因而他的人格化神有時是以創世神的面目出現。海卡被畫成一名男子，有時則被畫成孩子，常常玩弄著他那彎曲的神聖鬍鬚。有時他的頭上頂著形如獅子後腿的東西，有時他的手裡拿著蛇。太陽神乘坐太陽船巡遊時，海卡是被選中保護太陽神的神之一，他同樣也保護著來世之域杜阿特的歐西里斯。

西阿神（左）與海卡神（右）分別站在公羊頭的太陽神靈魂的左右兩側。

倘若，我們把阿蒙想像成一位富裕的贊助人及委託製作雕像的人，而普塔這位神聖的技師及工匠，則是受雇來完成這件作品；那麼，最高創世神阿蒙和實現創世神意志的普塔，所需的材料是什麼或誰呢？他們的行為會影響誰或什麼呢？任何技師都需要可供塑造的材料，需要能將他們腦中構想變成現實的材料，需要能將抽象的東西具體化以便展示給人們看的材料。在埃及的創世神話中，這種材料就是阿圖神（或拉—阿圖神），他被「雕刻」成我們生活的被造世界。

阿圖和物質演化

他（阿蒙）將自己創造為阿圖，與他在一個身體之內。

———————————————— 《阿蒙大頌歌》

這些智力活動（阿蒙的觀念和普塔的創造力量）按下了世界物質演化的按鈕，把意識放進了那顆漂浮在努恩這片無邊無際、黑暗水域的蛋或種子中。在赫利奧波利斯傳統中，這粒種子就是阿圖神（也叫拉—阿圖神）。此時，所有物質與神結合為一，混雜在一起而無法區分，阿圖就像宇宙大爆炸開始時的起點，或就如他自己所言：

我獨自與死氣沉沉的原始海洋（努恩）在一起，找不到可以站立的地方……第一代（諸神）尚未產生，（但是）他們與我在一起……

———————————————— 《棺槨文》**80**

阿圖（左）坐在妮菲塔莉
（Nefertari）王后面前。

　　阿圖，意思是「完成者」，他是「宇宙之主」，是同時象徵著演化和演化完成的神。阿圖通常被畫成人形，戴著上下埃及的雙冠，也被畫成狐獴、聖甲蟲、蜥蜴、蛇，或是抓著弓箭的狒狒或本努鳥（benu-bird），有時還被畫成創世過程中從水中浮出的第一塊土地。在晚上，他則是公羊頭的太陽神。

　　在努恩之中，還只是一粒種子狀態的阿圖，開始與無邊無際的努恩之水交談：

我漂浮著，完全沒有知覺，缺乏任何生氣。正是我的兒子「生命」（這裡是指舒神），他將構建我的意識，讓我的心成為活的⋯⋯

—————————————————————————《棺槨文》80

　　努恩回應道：

吸入你的女兒瑪阿特（這裡是泰富努特女神的化身），把她舉到你的鼻孔，以便你的意識能夠存活。願他們沒有遠離你，你的女兒瑪阿特和你的兒子舒，他的名字是「生命」⋯⋯是你的兒子舒，他將把你舉起。

—————————————————————————《棺槨文》80

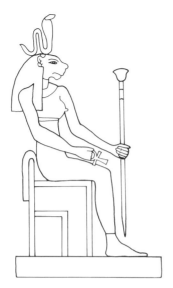

（左）泰富努特女神。（右）舒神。

　　我們需要對這次有趣的首場談話加以解釋。在創世這一時刻，象徵生命的舒（Shu）神與象徵瑪阿特（Maat）觀念的泰富努特（Tefnut）神，都活在阿圖之中，並作為阿圖的一部分而存在。為了讓阿圖從無邊無際的水域裡分離出來，享受獨立存在的樂趣，「生命」成了他的意識，使得他的心臟開始跳動，就如同將他從死亡之中喚醒一般。現在，他的心臟跳動起來了，他的心智活躍起來了，不過，阿圖的意識尚未被啟動，直到這一刻：他吸入瑪阿特／泰富努特，把她作為生命的氣息吸進身體，從而喚醒他的全部意識。就像從死亡進入昏迷，然後從夢境般的狀態之中甦醒過來一樣，阿圖依靠呼吸、心跳和心智的力量，從睡著的、死寂的狀態中醒來，變得意識清楚，能夠做事情了。

　　現在，阿圖能完全掌控他自己的行動，利用自己的獨立性，從身上「去除」了努恩之水，變成了「剩餘者」。這是宇宙中第一件重要大事，埃及人將之表現為創世的土丘（人格化為塔

坦能神），這或許就是金字塔形狀的靈感來源。在創世神話的其他版本中，作為阿圖化身之一的聖本努鳥，飛過來落在這座土丘上，這種鳥的鳴叫聲就是最早的聲音。

回到我們的敘述，阿圖裡面的舒神，現在開始膨脹，阿圖就像一顆充滿氣的氣球。

就是在自我創造的神（阿圖）的身體內，我成長起來了……就是在他的腳裡，我長大了；就是在他的胳膊裡，我成長了；就是在他的四肢裡，我造出了虛空。

——《棺槨文》75

阿圖現在演化成了被造世界，變成了他希望的樣子。在埃及咒語中，常常歌頌這種自我創造的力量：

我的身體在我自己（阿圖）的手上誕生。我就是自我的創造者。正是按著我所希望的樣子，我按照自己的心意創造了我自己。

——《棺槨文》714

讚揚阿圖！他創造了天，他創造了所存在的一切。他升起來成了陸地，他創造了種子。一切之主，他生出諸神，他是創造自我的大神。

——《亡靈書》79

瑪阿特和伊斯凡特（Isfet）

瑪阿特無論作為一位女神、一個概念，甚或是作為泰富努特的一個化身，都在埃及的宇宙觀念中發揮了關鍵作用。瑪阿特作為一個概念，是秩序與混沌之間恰當的平衡，同時也包含了「公正」與「正確行為」的意思。埃及人承認，既不能永遠根除混沌——伊斯凡特，也不應該將其根除掉，因為混沌是被造物的一部分，是被造世界正常運作所必需的。時間開始以來，伊斯凡特就一直是宇宙不可分割的一部分。然而，它並不是創世神造就的，創世神將自己與人類所行的伊斯凡特分離開來：

我讓每個人都像他的同伴，我不讓他們去做伊斯凡特：
是他們的內心，摧毀了我所規定的事情。

—— 《棺槨文》1160

從諸神到法老和人類，所有生物的目的都是確保秩序（瑪阿特）不被混沌（伊斯凡特）顛覆。對埃及人而言，瑪阿特無處不在，破壞瑪阿特規則的人都會受到處罰，不論這些人知不知道瑪阿特的規則。諸神甚至也得依靠瑪阿特而活，將瑪阿特視為他們的啤酒、食物與飲品。人格化的瑪阿特，是頭上頂著長羽毛的女神，這種羽毛也是埃及象形文字用來代表瑪阿特的符號。或許是因為瑪阿特與泰富努特的關係，她也被稱為拉（或「拉—阿圖」）的女兒，有時候還被說成托特神的妻子。

瑪阿特女神。

被造物 ▷

第一代諸神

　　舒和泰富努特現在與阿圖分離開來，根據不同版本神話的描述，這兩位神是阿圖打噴嚏、吐唾沫或手淫時，從他身體噴射出的神聖液體所變。他們仍然在阿圖膨脹的身體內，活在被造世界這顆「氣球」裡。然而，儘管舒與泰富努特現在已經分離出來了，但他們缺乏自己的生命力，仍然需要依賴他們的創造者而活。為了彌補這個缺陷，就像他們以「生命」和瑪阿特的形式，給予了阿圖與努恩分離所必需的力量一樣，阿圖現在抱住他的雙胞胎孩子，將他那代表「生命力量」的「卡」（ka）傳給了他們，使他們獲得了行動和存在的充分自由。

　　當泰富努特作為獨立的神時，有時候會被描繪成一名人類女子，但她最常的樣子是人身、母獅頭。她在被造世界中的作用相當不明確，埃及學家說她是「濕氣」或「腐蝕性的、具有水分的空氣」，或相信她是來世之域杜阿特的頂端。然而，可以確定的是，她是將來所有神的母親。

　　相比之下，舒則更容易描述。他通常是頭上頂著一根羽毛的男子，有時也被畫成一頭獅子，與他的姊妹／妻子一樣是獅頭人身。在描繪宇宙的圖示中，他站立著，舉起雙手，將天空從大地上分離開來，而他自己則扮演著空氣的角色。就如密封洞穴中的虛空一樣，舒就是阿圖所造世界中乾燥、虛空的空間，劃定了我們生活區域的穩定範圍。舒創造並確保上下之間的分

舒（正中）舉起手臂，將代表天的努特（Nut）與躺在下面代表地的蓋伯
（Geb）分開。

離，進而形成了空間，現在，所有生命與運動都能在空間中存
在了。

　　舒、泰富努特與阿圖分離之後，不僅創造出所有生命能夠興
旺繁衍的空間，時間也得以產生。舒代表「奈海赫」（neheh），
這是埃及人關於循環的時間，或無休無止的循環的觀念，如太
陽的升落、每年的尼羅河洪水週期、生死的循環、生長與衰敗
的循環。相反的，泰富努特代表「傑特」（djet），意思是靜止
的時間，適用於一切如木乃伊或石造建築物般不會消逝、持續
存在的事物。

　　現在，隨著時空的出現，世界已經為首次日升和人類的創造
搭好了舞臺。

「一隻阿圖之眼」與首次日升

　　舒與泰富努特是在努恩之水孕育出來的，而努恩因其在創世

中的作用，被視為具有生成與再生的力量。在努恩之中，「一隻阿圖之眼」監視著舒與泰富努特——他們的父親阿圖派出這隻眼睛跟著，或出去尋找他的這對雙生子。阿圖之眼（由於阿圖與拉神的緊密關係，所以常把他說成「拉之眼」，參見第二章），在埃及神話中是一個反覆出現的角色。根據不同的神話，神的眼睛除了代表日輪外，還可代表月亮或晨星。神的眼睛能夠獨立於神而行動；在獨立狀態下，以一位女神的形象出現——常常是哈托爾、芭絲特（Bastet）或穆特（可依序參見第 65、37、25 頁）。阿圖派出一隻眼去尋找舒與泰富努特，從而創造了首次日升。沒有舒創造虛空，這是不可能實現的。因為這個原因，舒說道，「我創造了黑暗中的光」，而且「正是我使得無限黑暗之後的天空亮起來」。儘管一隻眼以女神的樣子出現，與阿圖分離開來，但日輪仍屬於阿圖的一部分。太陽仍然是「其圓盤中的阿圖」或「從東方地平線前來」的阿圖，或更簡潔地說，太陽是「拉—阿圖」——創世神力量的有形標誌（因為拉是太陽神在中午力量最強時的名字，阿圖是太陽神在夜晚年老時的名字，參見第二章）。阿圖（或「拉—阿圖」）現在開始了巡遊天空的日常之旅，夜晚則會穿過來世之域杜阿特（參見第五章）。

人類

　　根據一則神話，當舒、泰富努特和一隻眼返回阿圖身邊時，她驚訝地發現，自己已經被另一隻名為「顯赫者」的新太陽之

芭絲特

最初，芭絲特被畫成一頭母獅，後來則被畫成一隻貓，或一名手持貓圖案叉鈴的貓頭女子。芭絲特（Bastet，意思可能是「油膏罐的她」）扮演著國王的神聖母親和保姆的角色。她也與女性的生育有關，保佑著孕婦及亡者。芭絲特作為「拉之貓」，摧毀了混沌之蛇阿波斐斯（Apophis）；像一些其他女神一樣，芭絲特也被認為是「拉之眼」，這還讓她被說成是拉的女兒。芭絲特的信仰中心在尼羅河三角洲的布巴斯提斯（Bubastis）——阿拉伯語把該地叫做「巴斯塔丘」（Tell Basta）。芭絲特是馬海斯（Mahes）的母親，馬海斯的形象為獅子或獅頭男身。

眼取代了。這隻沒用處的眼睛變得非常憤怒，以至於她咆哮痛哭，流出的淚水變成了人類。阿圖為了撫慰她的痛苦，把她放在前額上，在那裡她「掌控著整個大地」。似乎，她變成了蛇標（uraeus）向破壞秩序的敵人噴射火焰——蛇標就是法老所佩戴，抬起頭的眼鏡蛇頭飾。另外有一些類似的神話，對人類的起源有著不同的描述。有則神話說，人的產生是「神失明」的結果，是一隻阿圖之眼哭得太厲害以致於瞎了；而《棺槨文》80 則記載，阿圖提到人類是從他的一隻眼之中出現。在另外一則神話中，太陽神出生後獨自一人，因找不到母親而哭泣，他的淚水化作人類。另一方面，諸神則是從太陽神的微笑之中出現，或是從創世神的汗水所長出來。乍看起來，這似乎是一種貶損，但實際上並非如此，因為神的汗液有熏香的味道。

　　儘管人類是阿圖之眼絕望、憤怒或悲傷的意外產物，但創世神依舊為了幫助人類做了 4 件好事：他創造了四面的風，風給予每個人「生命的氣息」；他創造了每年的尼羅河洪水，以保證人類有充足的食物；他賦予了每個人平等的地位（當然不包括國王，國王和人類是不同範疇）；讓每個人心底都記得「西方」（來世），人類將在諸神的陪伴下，繼續於來世活著。事實上，創世神對他的意外造物並非漠不關心：

正是為了他們，他創造天地。他平息了水的狂怒，創造了風，人們的鼻孔才能呼吸生命的氣息。他們是從他身體裡湧現出來的「他的形象」，正是為了他們，他升起在空中。為了他們，他創造植物、畜群、禽鳥和魚，來養活人類……為了他們，他創造了白天……當他們哭泣的時候，他傾聽著……（正是他）像白天的時候一樣，在夜晚也看顧著他們。

───────《對美里卡拉王的教諭》（*The Teaching for King Merikare*）

　　此外，一首獻給阿蒙的頌歌，闡釋了阿蒙神為世界上非人類的其他物種所做之事，說他是「動物賴以存活的草原的創造者……他讓魚能在水中、鳥能在空中生活」。這首頌歌說，阿蒙甚至關心最小的動物，因為正是他「讓蚊子能與蠕蟲、跳蚤一起生活，他照顧洞裡的老鼠，並且讓每一棵樹上的甲蟲（？）活下來……」

阿圖神對抗混沌之蛇阿波斐斯。

阿波斐斯及其起源

　　從創世那一刻開始，象徵著失序的阿波斐斯，每晚都會攻擊，發動叛亂。阿波斐斯是一條 120 腕尺（約 63 公尺）長的巨蛇。阿波斐斯作為宇宙之中終極的毀滅力量，是失序力量的領袖。為了確保太陽的升起和世界的穩定，太陽神拉的隨從必須在太陽船上擊退進犯的阿波斐斯。阿波斐斯叫做「咆哮者」，他沒有鼻子、耳朵和眼睛，卻擁有「邪惡之眼」，他的目光能讓人類和諸神無法動彈。出於這個原因，國王會舉行一場儀式，用棍子擊中阿波斐斯之眼，以此避開他那邪惡的目光。

奈特女神（中）站在伊西絲（左）與戴著王冠的歐西里斯（右）之間。

阿波斐斯：仍要加害我們

不同於古埃及神話中的阿波斐斯蛇，每天威脅要摧毀太陽，現在有顆叫做阿波斐斯的小行星，會對地球和月球帶來週期性的威脅。人們欣喜得知，原本預測 2004 年會遭逢的小行星撞擊地球事件並未發生，但之後的重新計算顯示，小行星可能將在 2029、2036 年撞上地球；幸運的是，後來又計算出發生的機率不大。有趣的是，這顆小行星的名字並不是因為危及世界而以古埃及神話的阿波斐斯取名，而是因為發現這顆小行星的人是科幻影集《星際奇兵：SG-1》（*Stargate SG-1*）的粉絲，劇中有個大壞蛋就叫做阿波斐斯。

　　儘管阿波斐斯在埃及神話中有著重要地位，但他的起源卻相當模糊。只有一部晚期的文獻提到了阿波斐斯的誕生。在這則文獻中，阿波斐斯是從奈特（Neith）女神吐出的唾液中形成的。然而，在埃及歷史上大多數時候，人們沒有提及阿波斐斯的誕生，似乎認為他是用某種方法自我創造，或是在創世之前就已經存在了。

下一代

　　舒與泰富努特孕育出下一代神：蓋伯和努特。努特作為一種力量，是天穹，是被造世界與周圍努恩水域之間的透明屏障，能阻止努恩之水落到地上。人格化的努特常常被畫成裸女，用她的雙手雙腿把自己撐起來。在人們的想像中，她的四肢與大地四個基點相接，或是手腳併在一起，讓她的身體成為日月星辰運行的狹長軌道。努特有時也被畫成正面朝前，這樣的描繪角度在埃及藝術中並不常見；觀者彷彿仰望天空，看見努特從高處投下來的目光。

　　變成大地的蓋伯神，常常被人格化為一名綠皮膚的男子，有時以植物裝點，他側躺著，手肘支撐著身體。當蓋伯以立姿出現時，常戴著下埃及紅冠，但有時頭頂著一隻鵝──鵝是蓋伯的埃及象形文字。

　　有則神話這樣說：起初，蓋伯與努特緊緊相擁，因而努特無法生育，舒神迫使他們分開，才讓她的孩子得以出生；這巧妙地解釋了為什麼空氣把大地與天空分開了。希臘歷史學家普魯

頭頂一隻鵝的蓋伯神。

塔克說了另一則神話：蓋伯與努特不能睡在一起，是因為舒神將他們分開了，不得已他們只能祕密相會。然而，拉神發現了他們私會之事，對努特下了詛咒，讓努特在一年的 360 天中都無法生育（創世之初，一年只有 360 天）。智慧之神托特伸出援手（在創世此刻，托特尚未出現，但我們暫且先忽視這一點吧），他去與月亮下棋。托特不僅善於書寫，也精通賭博。托特贏了月亮，獲得「月亮發出的每束光的 70 分之 1」。他把這些光組成 5 天，置於歲末，因而曆法一年有了 365 天；努特就在這 5 天裡天天產子。

努特和蓋伯的孩子，依照出生的順序分別是：歐西里斯、大荷魯斯（Horus）、塞特（Seth）、伊西絲、奈芙蒂絲（Nephthys）。非希臘文的資料來源常常遺漏大荷魯斯，取而代之的是傳統的埃及大九柱神——象徵世界物質創造的九位神。

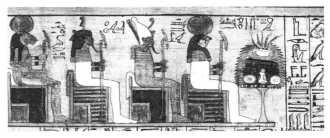

赫利奧波利斯的九柱神：右起為阿圖、舒、泰富努特、蓋伯、努特，並排坐著的是伊西絲和奈芙蒂絲，後兩位則是荷魯斯及哈托爾。坐在九柱神前面的是「拉─哈拉凱提」（Re-Horakhety）。歐西里斯和塞特不在這幅圖中。

創世的完成　▷

九柱神就合併在你（阿蒙）的身體裡：
你的形象是每位神，他們結合在你的體內。
你最先出現，最先開始。

──────────────────────── 《阿蒙大頌歌》

　　因此，阿蒙的祭司也許會告訴你，伴隨著阿蒙在沉寂之中的鳴叫聲而開始的某種東西，在物質世界的一路演化中逐漸達致高潮。阿蒙神是「孕育原初諸事物原初的『那一位』，他讓太陽得以產生，在阿圖之中完成了自我，與阿圖同體」。創世是阿蒙行為的產物，而之後世界之中的每一步發展都是阿蒙的發

展。同樣的，宇宙各面向都是阿蒙隱藏力量的體現，這些面向以各種獨立的力量和個體發揮作用，滲透於被造的球體之內的所有存在物之中，而各方面相互關聯及統一。

　　這些力量就是奈徹如（netjeru），也就是「諸神」。

2

拉、舒與蓋伯
的王權統治

在凡人當上埃及國王之前，諸神直接統治埃及，與人類一起生活。第一位國王有時被認為是普塔神，但沒有神話提及他的統治。《都靈王表》（*Turin King List*）這份埃及國王統治順序的主要資料，追溯至諸神時代的早期歷史，也將第一位國王列為普塔；但這份將普塔放在首位的王表，可能僅是反映一項地方傳統。更普遍的說法則認為，太陽神拉（或「拉—阿圖」）才是埃及第一位國王。

拉王的統治 ▷

拉神是埃及最重要的神之一，廣受全國各地信仰；拉神的主要信仰中心是赫利奧波利斯（Heliopolis，意思是「太陽之城」），現在該地已併入開羅。拉神通常被畫成頭頂日輪的鷹頭人身，或單純被畫成由眼鏡蛇環繞保護的一枚日輪，有時日輪兩側還伸展出羽毛翅膀。太陽神與所有埃及神一樣，都有多種化身。早上，太陽神是聖甲蟲凱布利，慢慢地滾著地平線上方的巨大

太陽球；中午，太陽神是拉，這是太陽神最強大的化身；到了傍晚，他是長著公羊頭的疲憊阿圖，準備穿過地平線之下的來世之域杜阿特，在即將到來的早晨，他會重新煥發活力。另外一個常被證實的化身是「拉—哈拉凱提」（Re-Horakhety）——意思是「雙地平線的拉—荷魯斯」，在這位化身上，拉與荷魯斯合為一體，分別代表著日升和日落。

太陽神的祕密真名

拉以國王的身分統治凡人與諸神時，每天化身為不同的樣子，以不同的名字出現；然而除了他自己，沒有人知道他的真名。這不是因為避諱，也不是他更愛用化名，而是為了自己的安全。知道一位神（甚或一個凡人）的真名，就賦予個人對神的權力，會為了個人之私去使用神的力量。因此之故，諸神將自己的真名藏在肚子裡，以免被巫師濫用他們的力量。

伊西絲是名強大的女巫，她「比無數的凡人更叛逆，比無數的神更聰明」（參見第 52 頁），她知道這個情況，並想要獲得拉神的同等權力。如果她知道拉的真名，就能獲得拉的力量，還可以將這種知識傳給她尚未出生（此時甚至還沒有懷上）的兒子荷魯斯，從而確保他在宇宙的優勢地位。

當拉神年老時，伊西絲開始實施她的計謀。太陽神坐在王座上，口水流到地上，伊西絲將拉神流在地上的少量口水收集起來，與泥土混合，捏成一條蛇。神聖的液體充滿了創造的力量，所以這條伊西絲創造的蛇就有了生命。然而，這時候這條

鷹頭的太陽神「拉—哈拉凱提」，旁邊坐著的是哈托爾女神。

蛇還不會動。於是，伊西絲將蛇放到了拉神必經的十字路口。儘管拉神已經年邁，但每天還是會帶著隨從巡視他所創造的萬物。第二天，當年邁的拉神緩步走著，老眼昏花，沒有看見那條蛇，就被蛇咬了一口。灼熱的疼痛貫穿拉神全身，身上燃起了大火，周圍的松樹也被燒到。拉神痛苦的叫聲傳到天上，驚擾了諸神。當蛇毒吞噬拉神的身體，就像尼羅河洪水淹沒土地一樣，他的嘴唇發抖，四肢震顫，已經不能說話了。

　拉神痛苦的叫聲引來隨從。他告訴他們，有什麼東西咬了他，這是一種不知名的生物，他從未見過，聞所未聞，既不是

他的手創造出來的東西，也不是他所知的造物（對於世界的創造者來說，這應該讓他更加憂心）。「我從未受過這樣的罪，沒有比這更痛的痛苦了。」拉神說道。他絞盡腦汁地想著，但想不出來咬傷他的生物是什麼東西。「它不是火，也不是水──（可是）我的心燒得難受，我的身體顫抖不已，四肢滿是雞皮疙瘩。」拉神開始意識到問題的嚴重性，他下令將諸神之子帶來，這些孩子精通咒語，他們的話語有著魔力。

諸神之子很快就到了；他們擠在拉神周圍，試圖找到治癒他的辦法，而站在他們當中的伊西絲，裝作什麼都不知道，對咬傷國王的生物一無所知。她靠近拉神，問他發生了什麼事。「是一條大蛇讓你虛弱嗎？」她問道，「是你其中一個孩子抬起頭攻擊了你嗎？」她承諾會用她的法術殺死作惡的人，讓他不敢直視拉神的光芒。拉神大汗淋漓，顫抖不已，視線模糊，又把他如何被咬傷的事情再說一遍，怨道：「夏天天空往我臉上澆了傾盆大雨！」這是伊西絲耍手段的最佳時機；她對拉神國王說，只有知道他的名字才能幫助他。在神志昏迷狀態掙扎的拉神回應了，脫口說出他的一連串名字，其中許多都是描述他為宇宙所做的善行：他說他是製造天、地、山、水的人；他是創造時刻，而讓白晝得以產生的人；他是劃分年的人。他還補充說，早晨他是凱布利，正午是拉，晚上是阿圖。

伊西絲不為所動，蛇毒仍在拉神體內，拉神感覺更不好了。伊西絲靠近拉神，說拉神剛剛列出的名字中沒有他的真名。如果他想得到醫治，必須向她吐實。蛇毒更加毒害著拉神的身體，威力比火焰還厲害。拉神已筋疲力盡了，他告訴伊西絲要

伊西絲頭戴牛角和日輪，經常與哈托爾女神有所關聯。

仔細聽，以便他的真名離開他的肚子，進入伊西絲的肚子；他還補充道，她可以將這個真名傳給她的兒子荷魯斯，只要荷魯斯發誓不告訴其他人。終於，伊西絲的計畫成功了，她用法力治癒了太陽神，她說道：

衝啊，蠍子！離開拉！荷魯斯之眼，離開神！口中的火焰——我是創造你的人，我是派遣你的人——到地上去，強而有力的毒！瞧，大神已經洩露了他的名字。一旦蛇毒消除，拉將會存活！

—————————《都靈莎草紙書 1993》（*Papyrus Turin 1993*）

伊西絲及其信仰的發展

伊西絲女神與魔法、母性和愛情有著密切關係。伊西絲以人形現身時，穿著長裙，有時候還拿著叉鈴。她頭上代表王座的埃及象形文字正是她的名字，可以譯為「座位」或「王座」，凸顯她對王權的重要性。由於她與哈托爾密切相關，有時候描繪兩人的方式很像：頭上都有牛角和日輪。在極少的情況下，伊西絲被畫成一條抬起頭的眼鏡蛇，例如新王國時期的《大門之書》（*Book of Gates*）。

在神話中，伊西絲是歐西里斯的妹妹和妻子，是蓋伯和努特的 4 個孩子之一。關於她受孕懷上歐西里斯的兒子荷魯斯，以及荷魯斯花了很久時間才奪回王權的神話，將在第三、四章介紹。在喪葬儀式中，送葬者扮演著伊西絲及她妹妹奈芙蒂絲的角色；人們認為伊西絲會在來世給予亡者幫助。埃及人還認為伊西絲與天狼星有關，每年天狼星消失與重現的時間點，分別標示著尼羅河氾濫與隨後收穫季的到來。

從托勒密時期起，伊西絲信仰傳遍地中海世界，這讓她與其他著名的女神相混，以至於她以「有著許多名字的那一位」而著稱。人們讚揚她的醫療力量，將她視為慈悲的母神。隨著伊西絲信仰的發展，荷魯斯開始與希臘的阿波羅（Apollo）神有關，變成善戰勝惡的象徵。

也許，就是這件傷心事讓拉神偶爾會對諸神施以懲戒。有則簡短的神話描述：拉神將男女諸神喚來，待他們一來，就吞下他們。當他們在拉神體內扭動時，他殺死他們，把他們變成鳥

聖甲蟲頭的凱布利神。

和魚吐出來。不過，拉神生病的背後並不總是有神搞鬼。有則
神話說：拉病倒了，只有杜阿特強大的居民才能治癒他。為了
傳達給來世之域的居民，神的隨從寫了一封信給赫利奧波利斯
的當權者，他擔心著如果拉神的病痛持續，拉神也許會被困在
杜阿特之中，他朝著地上的一個洞呼喊，向西方之人（亡者）
求救。另外一則神話則說：拉神踩到一個不知名的生物，結果
就病倒了，不停抽搐。在這個情況下，這位不幸的神為了讓病
痊癒，不得不說出他母親的真名。

太陽之眼的神話

在拉神統治時期，拉與自己的眼睛吵得很凶，以至於拉之眼決定離開，氣沖沖地去了利比亞或努比亞（不同版本的神話說法不一），攻擊沿途遇到的每個人。然而，拉之眼不在了，拉神就無法抵禦敵人的進攻。原來，拉之眼能夠保護拉神，對於拉神的力量來說至關重要。拉神為了挽救這種局面，派出一位神去尋回憤怒的拉之眼。這個神話依舊有許多版本，每個版本提到的神都不一樣：有個版本說，歐努里斯（Onuris）找到了拉之眼，後來還娶了她。另一個版本則說，尋找拉之眼的是舒神。在現存最久的版本中，尋找拉之眼的是以策略和智慧著稱的托特。而在這個版本中，拉之眼的名字叫做泰富努特，樣子是隻努比亞貓。

托特查出拉之眼的下落後，為了靠近她而不被識破，變成一隻長著狗臉的狒狒。但泰富努特還是看穿了托特的伎倆，非常憤怒，準備攻擊他。幸好托特神反應很快，他告訴泰富努特命運會懲罰每項罪行。托特神的妙語說服了泰富努特，讓她停止了無端的攻擊。托特引起她的注意後，懷著勸服她回家的希望，讚揚了埃及的壯美，用一連串動物寓言逗她開心——有時候寓言中還套著寓言。寓言摻雜了道德的說教，指出和平的重要性，與弱者結交的好處良多。在此期間，泰富努特因為托特試圖影響她而大發脾氣，變成一頭可怕的母獅，但托特沒有放棄。他成功地勸服泰富努特重返埃及。在埃及邊境，他們遇到了歌舞表演。當他們到達孟斐斯時，拉神在無花果女主人的邸

宅——哈托爾（參見第65頁）的小神殿——中舉辦宴會，以此對泰富努特表示敬意。泰富努特向拉神說起托特講給她的故事，然後，太陽神讚揚了托特的成就。

歐努里斯

歐努里斯是戰神及狩獵之神，起源於阿拜多斯（Abydos）地區。他通常被畫成一名站得筆直、留著鬍子、戴著短假髮、頭頂蛇標或2-4根羽毛的男子。他高舉右手，左手通常拿著一段繩子。他名字的意思是「帶回遙遠者的他」，這指的是歐努里斯從努比亞把獅子般的拉之眼帶回來的行為。拉之眼成了他的妻子曼凱特（Mekhit）。這個神話幾乎和舒神帶回叫做泰富努特的拉之眼一樣，而後者可能源自歐努里斯的神話。因此，歐努里斯常常如同萬神殿中的舒神，被視為拉神其中一個兒子，獵殺威脅太陽神的敵人。

戴著雙羽毛的歐努里斯（左）及其妻子獅頭女神曼凱特。

托特和《荷米斯文集》（*Corpus Hermeticum*）

托特神通常被畫成朱鷺、朱鷺頭男子或蹲著的狒狒，他是與智慧、知識和學問有關的月神。有鑑於托特有月亮的屬性，朱鷺那長長彎彎的喙可能就是新月的象徵。而狒狒狀態的托特，則常常把滿月與新月一起戴在頭上。

埃及人認為托特神是文字的發明者，是書吏的保護者。他是法術和神祕知識的大師，負責記載時間的流逝，監管來世之域秤重亡者的心臟；人們視托特的出現是所有事情得到公正處理的保證。雖然托特通常善於交際，並以其妙語為諸神提供建議，但在《金字塔文》中，托特也會對瑪阿特的敵人施以暴行。

有時候，托特是以荷魯斯和塞特的結合呈現，然而，其他銘文描述托特是拉或荷魯斯之子。托特的妻子是奈海曼塔薇（Nehemetawy），而書寫女神塞莎特（Seshat）是他的女兒（有時塞莎特取代了奈海曼塔薇，成為托特的妻子）。托特的主要信仰中心是位於中埃及的赫爾摩波利斯——現今的埃爾艾什穆奈因（El-Ashmunein）；赫爾摩波利斯的祭司相信，托特在最早的創世土丘出現，並創造了最早的一批神（八元神）。

因為托特也是聖使，所以希臘人將他與希臘神荷米斯（Hermes）相連，把他稱為「三重偉大的荷米斯」或「荷米斯‧崔斯墨圖」（Hermes Trismegistus）。據信托特以這個身分將教義傳給信徒，西元最初幾世紀人們把他的妙語整理編成《荷米斯文集》。多虧拜占庭的編輯和抄寫者，這些重要的學說得以流傳，從而影響了一千多年以後文藝復興時期的思想家，特別是在法術與煉金術方面。

反叛太陽神的神話

拉神統治時代一個常見的神話主題是反抗拉神統治的叛亂。反叛的地點不盡相同，反叛者的身分也有所不同：有時反叛者是人類，有時則是阿波斐斯及其徒眾，或是塞特（參見第 60 頁）。另外變化不定的是太陽神的年齡，有時太陽神是小孩，而在有些神話裡則已年老。總之，不管創世神是幼或老，都是一生中最羸弱的時期，解釋為什麼叛亂會在這時候發生。太陽神生命的這兩個階段，代表了日出與日落——這是傳統意義上的危險時期，或象徵著整個太陽年中太陽神最羸弱的時期，這種狀態將一直持續到新年來臨後太陽神實現重生和復甦為止。

伊斯納的奈特宇宙起源論提及的反叛

在伊斯納（Esna）的神廟中，有則神話敘述一場在太陽神年幼時代發生的叛亂。阿波斐斯從奈特神流下的唾液中誕生之後，立刻就在心裡籌畫反叛；他的計謀得到了人類同夥的支持。當拉神知道阿波斐斯的計畫後，惱怒不已。托特從太陽神的心臟中出現，與拉神討論情勢。拉神決定派出號稱「神的語言之主」的托特去與阿波斐斯作戰，而他自己則與母親一起逃到安全的地方。此時他的母親化身為天上的伊海特牛（Ihet-cow），叫做「曼海特—威瑞特」（Mehet-Weret，意思是「偉大的游泳者」）。拉神坐在母親兩隻犄角之間的前額上，一起游向北方可供安全藏身的賽斯（Sais）。拉的母親在這裡為年幼的神哺乳，讓他變得夠強壯可以重返南方消滅敵人。

《法尤姆書》的記載

《法尤姆書》（*Book of the Faiyum*）最早出現於托勒密時期。書中有一些來自埃及法尤姆綠洲（Faiyum Oasis）的神話；其中有則反叛拉神的神話：太陽神聽聞凡人與諸神正在密謀反叛他，於是前往法尤姆正南方的赫拉克利奧波利斯（Herakleopolis）重鎮與之作戰。儘管他獲勝了，但在第二場戰役開始前，年邁的神與其母親伊海特牛——在這裡是莫伊利斯湖（Lake Moeris）的化身——避難撤退到法尤姆的莫伊利斯（Moeris）鎮。拉神在這裡安全躲了 12 個月，吸食母親乳汁恢復活力，最後，拉騎在母親背上，兩位神逃到天上；他的母親化身為天空。

考姆翁布的反叛神話

這則神話來自上埃及的考姆翁布（Kom Ombo），這個地方有座獻給索貝克（Sobek）和大荷魯斯的神廟。該神話也以拉神的敵人謀反拉神作為開篇。拉神知道了敵人的計畫，與托特和大荷魯斯一起去搜尋，追擊到了考姆翁布。一到城裡，拉神就在自己的宮殿安頓下來，派托特去偵查敵人。智慧之神托特發現反叛者駐紮在大湖岸邊。他跟敵人維持著安全的距離，在河堤上偵查，發現共有 257 個敵人，由 8 名首領統帥。這些人正無所事事地站在那裡誹謗太陽神。托特迅速返回，向拉神報告他所看到的一切。

拉神當然十分震怒，他宣布不讓任何一個反叛者活命。或許

拉神太疲累不能親自上陣，或謹慎考慮了敵人的兵力，托特提議大荷魯斯（在這個神話版本中，他是舒神的一個化身）是合適的精兵，可以讓他去消滅拉神的敵人。拉神採納了托特的建議，派出全副武裝的大荷魯斯。大荷魯斯殺得非常猛烈，臉都被血染紅了。

埃德富的帶翼日輪傳說

在埃德富（Edfu）的荷魯斯神廟，牆上刻有托勒密時期的銘文，其中一則反叛太陽神的神話記載得特別詳細：在拉神統治第 363 年，當太陽神及其隨從航行至努比亞時，在貝迪特（Behdet）──也就是現在的埃德富──的荷魯斯察覺敵人（無賴塞特神的部眾）正策劃謀反國王。在一場先發制人的戰役中，拉神派遣荷魯斯去攻擊敵人，荷魯斯飛上天空變成一個有翼大圓盤。「他猛攻他前面的敵人，」我們讀道，「敵人既看不見也聽不到，而且每個敵人轉眼間就對自己人下手，沒有一個人活下來。」在嗜殺的神之下，敵人全都暈頭轉向了，武器亂揮，不是去攻擊敵方，反而殺死了自己人。這時，拉神從太陽船上下來，查看那些倒在地上「頭破血流的」陣亡的敵人。

當太陽船的全體船員慶祝勝利時，更多的敵人來襲，他們變身成可怕的鱷魚和河馬，對拉神發動了攻擊。荷魯斯及其隨從展開反擊，以魚叉作為武器。有些敵人逃脫了諸神的攻擊，向北方逃竄，但荷魯斯繼續追擊，在底比斯附近將大多數逃跑的敵人殺盡。敵方殘餘部眾繼續北竄，荷魯斯駕著拉神的太陽船緊追於後。

塞特

塞特與暴力、混亂和邪惡有關,他有時被描繪成有著長鼻子、高高的長方形耳朵和直立尾巴的生物;人形的塞特也長著這種動物頭。然而,他也能化身為許多其他樣子,包括紅色的公牛、沙漠羚羊、豬或河馬。

根據《金字塔文》205,塞特撕裂了母親努特的肚子自己生出來,這凸顯了他與生俱來的暴力本性。塞特是歐西里斯的弟弟。他謀殺了歐西里斯,成為埃及國王,後來侄子小荷魯斯一直要奪回王位。許多女神被列為塞特的配偶,最常被提到的是奈芙蒂絲,但有時則是塔薇瑞特(Taweret)、奈特、阿什塔特(Astarte)和阿娜特(Anat)。

塞特是紅土之主,是沙漠之神,他還與暴風雨(他的叫聲是雷聲)、陰天和大海有關;人們向塞特祈求天氣轉好。他也統治著異域之國。儘管塞特經常以敵人之姿出現,但在太陽神拉夜間航行經過杜阿特時,塞特用自己的強大力量保護拉免受混沌之蛇阿波斐斯的傷害。塞特不像絕大多數神,據說多數神的骨頭是銀做成的,但塞特的骨頭是鐵做成的,他被畫成鐵之主。有許多獻給塞特的神廟,尤其是東北三角洲一帶,但塞特的主要信仰中心是在哈馬馬特乾河床(Wadi Hammamat)入口處的努布特(Nubt),努布特就是現在的翁布斯(Ombos),該地盛產黃金。

塞特對荷魯斯的屠殺行為勃然大怒，塞特與荷魯斯兩神大打出手。荷魯斯向塞特擲矛，把塞特掀翻在地。荷魯斯捆住塞特雙手，用繩子套住他的脖子，生擒了塞特。戰敗的塞特局促不安，他被帶到拉神及其隨從面前接受審判。

托特作為太陽神的顧問，建議把塞特的同夥交給伊西絲，讓伊西絲按她的意思處置。荷魯斯和伊西絲並不是寬厚的神祇，他們把這些人都砍去了腦袋。塞特知道自己是下一個目標，因此變成一條蛇，遁入地下去了。後來，荷魯斯繼續追擊殘敵，一路追到地中海，在努比亞發現了最後一夥敵人，並將他們全數殲滅。

哪個荷魯斯？貝迪特的荷魯斯、鷹隼荷魯斯、大荷魯斯和小荷魯斯

在埃及神學中，有一批令人困惑不已的荷魯斯形象，儘管他們常常被視為不同父母所生的不同神祇，但他們也被視為同一位神的不同面向。

據《帶翼日輪傳說》（Legend of the Winged Sun Disc）所述，貝迪特的荷魯斯（Horus of Behdet）是上埃及埃德富神廟信仰的荷魯斯，位於三角洲的埃爾拜拉蒙丘（Tell el-Balamun）可能信仰的也是這位荷魯斯。他是哈托爾的丈夫，是兩土統一者荷魯斯（荷魯斯－塞馬塔維［Horus-Sematawy］或哈爾索姆圖斯［Harsomtus］）和伊赫（Ihy）的父親。就像其他的荷魯斯一樣，貝迪特的荷魯斯常被畫成一隻鷹，盤旋在法老上方，有時則被畫成獅子。全埃及神廟的牆壁梁柱上最常

見的有翼日輪形象，也是貝迪特的荷魯斯。

鷹隼荷魯斯（Horus the Falcon）的信仰中心是在埃及南部的希拉孔波利斯（Hierakonpolis），這裡是現在的奈亨（Nekhen）。他是王權之神，從最早開始就與埃及王權有關。鷹隼荷魯斯是天空之神，眼睛為日月。

大荷魯斯（Horus the Elder）被畫成鷹隼頭男子，依據不同的神話版本，他是努特和蓋伯之子，或是哈托爾和拉所生。他與姊姊兼妻子伊西絲生了「荷魯斯四子」（Four Sons of Horus）（參見第 197 頁）。在早期的《金字塔文》中，大荷魯斯幫助伊西絲、奈芙蒂絲搜集歐西里斯的身體碎塊，並替歐西里斯復仇。

小荷魯斯（Horus the Child）常常被畫成留著年輕人特有側邊髮辮的孩子，他是伊西絲和歐西里斯的兒子。第 6 王朝時，小荷魯斯被添進《金字塔文》中。他也被納入赫利奧波利斯神學之中。

戴著上下埃及雙冠的鷹隼荷魯斯。

啤酒拯救世界

當拉年老時，他的骨頭是銀，肉體為金，頭髮是天青石，人類（像以往一樣）密謀反對他。然而，在他們發動進攻前，拉察覺了他們邪惡的計畫，下了一道命令，召喚拉之眼、舒、泰富努特、蓋伯、努特，以及當拉在努恩之中與拉在一起的父母親（八元神），加上努恩及其部屬。太陽神希望諮詢他們的意見，為了確保人類不會產生懷疑，所以他們祕密入宮。

太陽神端坐於王座上，諸神和臣屬在他面前排成兩列。「哦，孕育我以及祖先諸神的最古老的神（努恩），」拉說道，「瞧，從我的眼之中生出來的人類，正密謀反對我。請告訴我，對此你會怎麼做，因為我正在想辦法。在我聽到你的建議之前，我不會殺死他們。」努恩想了所有選項後，提出反叛者最害怕的是被拉之眼注視著。拉知道反叛者已經遁入沙漠了，「他們害怕我與他們說話」，拉決定採納努恩的建議，派出拉之眼攻打。

拉之眼變成了憤怒的哈托爾，大開殺戒。她首先殺死沙漠中的敵人，接著又要屠殺其他人。不過，當拉目睹了拉之眼對他自己所造之物的肆意破壞後，重新考慮一番，認為他只要多下一點功夫，就能繼續當國王統治人類。現在唯一的問題是哈托爾（拉之眼），她屠殺每一個她見到的人，享受殺戮的快感。如果拉想要阻止她，就必須想出一條妙計。

拉為了終結哈托爾的暴力，派遣使節到了埃及南部遙遠的埃勒凡泰尼（Elephantine），命他們帶回紅赭石。得到這種原料後，拉讓赫利奧波利斯的最高祭司，把紅赭石磨成如人血一

塞赫麥特女神。

般。然後，將之混入 7,000 罐啤酒之中。到了晚上，拉把啤酒
送到哈托爾（現在完全是暴虐的塞赫麥特的形貌）休息的地
方，倒在田野裡。他希望嗜血成性的女神醒過來時，會誤以為
自己被血液包圍。一切按照計畫進行，第二天早上哈托爾─塞
赫麥特睜眼醒來，掉進了這個紅色美夢。她喝著喝著，最後醉
倒了，很快地忘記了她對人類的憤怒。

拉的離開

　　儘管拉拯救了人類，但他覺得自己太累了，無法繼續親自
統治埃及。諸神試圖勸他不要離開，但他堅決要走。「我的身
體第一次這麼虛弱，」他告訴他們，「我不會等到另一場（叛
亂）降臨到我身上。」努恩勉強接受了拉的決定，他對舒說，

哈托爾

哈托爾（Hathor）的意思是「荷魯斯的房子」。透過那紮著髮帶的黑色長假髮、頭頂兩牛角之間的蛇標和日輪，我們可以辨認出人形的哈托爾。有時候，她戴著禿鷲頭飾。哈托爾通常也被描繪成一頭聖牛，兩隻牛角之間有枚日輪。她的第三種樣子是長著牛耳朵、戴著假髮的人形樣貌，以正面之姿示人。

在丹德拉（Dendera），人們描述哈托爾是荷魯斯的妻子。她與荷魯斯生下了兒子伊赫、荷魯斯—塞馬塔維（兩土統一者荷魯斯）。其他資料來源則將她描述為太陽神拉的妻子，然後她有時也是太陽神拉的母親，當化身為太陽神拉之眼時，則是拉的女兒。

哈托爾以聖牛的樣子保護著國王，就如同她在凱姆斯（Khemmis）照料小荷魯斯一樣照顧著國王，是國王的保姆。哈托爾也被說成是國王的妻子和國王的母親。然而，對埃及的一般大眾來說，哈托爾與愛情、女性性慾、生育和母性有關，她幫助婦女分娩。人們把她與歡樂、音樂、舞蹈和酒類相連。哈托爾是無花果樹的女主人，哈托爾象徵著自然世界的生殖力，她為亡者帶來了蔭涼、空氣、食物和飲料。哈托爾是西方的女主人，她照料著葬於底比斯的亡者，歡迎他們進入來世。哈托爾也與從沙漠、異域輸入埃及的礦物、資源有關，與綠松石、銅關係尤其密切，她庇佑著在遙遠礦區工作的礦工。

儘管與哈托爾有關的信仰中心有很多，但至少就晚期埃及史來說，丹德拉有她最重要的神廟。

你的眼睛去保護拉，讓太陽神坐在努特的背上。這可讓天空女神慌亂了，因為她對這項意外的責任毫無準備，也不確定該怎麼做。「拉究竟如何才能坐在我背上呢？」她問努恩。「別傻了，」他答道，說著說著努特變成牛，她的背部為年邁的太陽神提供了足夠的地方。當拉坐在變成牛的努特身上時，人們上前來，說他們已經打敗了拉的敵人及叛亂分子。然而，拉對他們置之不理，出發前往他的宮殿，拉身後的埃及就沉入黑暗之中。

第二天拂曉，拉醒來了，發現人類已經發明了射殺敵人的弓箭和棍棒。憤怒的太陽神下令：「哦，屠夫們，你們的卑賤緊隨你們的腳跟而來；願你們的屠殺遠離（我）。」人類的行為堅定了拉離開的決心。他讓努特把他舉到空中，說道：「遠離他們！」神升到空中，努特日夜隨侍拉神，幫他對宇宙做最後的調整：拉神從遙遠的天上下令努特創造銀河。除了行星和其他星星之外，拉自己還創造出與亡者相關的兩處地方——蘆葦地（Field of Reeds）和祭品地（Field of Offerings）。努特因身處於太高的地方害怕得顫抖不已，於是，拉創造了兩組各 4 位的海赫神（Heh-gods）協助舒神來支持努特。

然後，拉神傳喚蓋伯，談起藏身在地下（蓋伯身體裡）的蛇，下達指令：「要留意，因為那些蛇就在你身體裡！」「看，當我在那裡時，他們害怕我。你也已經知道了他們的魔力。現在，去我父親努恩所在的地方，去告訴他繼續監視陸生、水生的蛇。」他補充說道，蓋伯要到蛇生活的土丘上發出警示，告訴他們「小心不要作亂」。「他們應當知道我在這裡，」拉下

令,「因為我正照耀著他們。」因此,蓋伯永遠監視著蛇,留意他們的魔力。

拉吩咐蓋伯後,傳喚托特,任命他為月亮和大臣(拉神的神聖副手,相當於法老宮廷的宰相職位)。拉也抱了努恩,並向東方天空升起的諸神囑咐,要讚美孕育出拉神的老神努恩。然後,他對創造做了最後的指示:

是我,創造了天空,並把(天空)放在合適的位置上,使諸神的「巴」得以安置;這樣,在歲月的流逝中產生的永恆的(時間)循環裡,我就與他們永久地在一起了。我的巴是魔力。它(甚)比這個更偉大。

———————————— 《天牛之書》(*Book of the Heavenly Cow*)

神的一個巴(ba)或巴烏(bau)——巴烏是複數的巴,因為神可以有很多巴——是一種存在形式,是神聖力量和神自身的顯現,地上的人們可以透過它來感受或經驗神。在這個重組的全新世界裡,舒神的「巴」是風,海赫神的「巴」是雨,黑暗的「巴」是黑夜,而努恩的「巴」正是拉自己;索貝克神的「巴」是鱷魚,歐西里斯的「巴」是門德斯(Mendes)的神聖公羊。每位神的「巴」,都在蛇的身體裡。阿波斐斯的「巴」在東方的山中,拉的「巴」則在全世界的魔力之中。

《天牛之書》中舒與 8 位海赫神支撐聖牛的場景。

拉懲罰叛亂分子

拉不僅以遠離塵世的方式懲罰人類，還縮短了人類的壽命：

他們發動戰爭，煽動騷亂；為非作歹，製造反叛；殺人放火，設立囚牢。而且，對於我所創造的一切，他們把大的變成小的。托特，請顯示你的偉大吧，他即（拉一）阿圖如是說。你不要（再）看著他們行不義之事了，你不要忍耐下去了。縮短他們的年數，縮減《天牛之書》中舒與八位海赫神支撐聖牛的場景。短少他們的月數，因為他們對你所造的一切造成了隱祕的損害。

舒王的統治　▷

　　拉返回天堂，他的兒子舒繼位為王，統馭天下；舒是天堂、塵世、杜阿特、水與風的完美之神。他迅速殺死了那些反對他父親的叛亂分子，獻祭阿波斐斯的子嗣。後來，當空氣變涼、地面變乾時，舒神創立城市，設置「諾姆」（尼羅河谷和三角洲的行政區），並捍衛埃及邊界，南北都建造了神廟。萬事順利，只是他與他那惹是生非的兒子蓋伯關係不好。有一次，蓋伯變成一頭野豬，吞下了當時仍庇佑著舒的拉之眼。蓋伯還不承認犯行，直到拉之眼像某種病症發作從他的皮膚滲漏出來。最終由托特把拉之眼放回到地平線之處。於是，蓋伯攻擊舒，舒要蓋伯喝下尿液以示懲罰。蓋伯化身為一頭公牛，與他的母親泰富努特發生了性關係，這又激怒了他的父親。起初蓋伯就像之前一樣，拒絕承認對舒神犯下的罪行，直到他被長矛刺入大腿才招供。

　　當舒住在孟斐斯時，有一天，他傳喚大九柱神，吩咐他們與他隨行前往東方，他要去見他的父親「拉─哈拉凱提」（拉以「雙地平線上的荷魯斯」現身），與父親共處一會兒。大九柱神欣然從命，不久之後，他們就進駐遜位國王在塵世的家裡。然而，這並不是一次愉快的經歷。當諸神享受著與拉在一起的快樂時光時，阿波斐斯的子嗣，在沙漠四處劫掠的叛亂分子也從東方而來，計畫做一些破壞的勾當。他們的目的不是征服疆土，而是要摧毀世界。凡是他們所過之處，無論陸地或水域，都遭毀壞，成為無法再居住的焦土。舒聽到肆虐埃及東部的混亂後，召集他和拉的隨從，命令他的手下占據位於三角洲東南

方沙漠的軍事要地雅特—奈貝斯（Iat-Nebes）鎮，也就是現在的薩弗特・埃爾—赫納（Saft el-Henna）。這些土丘從拉王時代就已經屹立於此，是保護太陽神和埃及的最佳堡壘。不出所料，阿波斐斯的子嗣抵達後，雙方激烈戰鬥。舒迅速殺掉敵人，並把所有反對他父親的敵人都擊退了。

舒或許贏得了這場戰役的勝利，但卻沒有贏得整場戰爭的勝利。舒打敗阿波斐斯的子嗣後不久，一夥叛亂分子就在舒的宮殿爆發了一場革命。舒被擊敗了，塵世陷入了混亂。舒也像他的父親一樣，去了天上，卻把妻子泰富努特留在大地。泰富努特或許是為了躲避周圍的危險，正午時分離開孟斐斯，打算前去另一處更安全的宮殿，但卻在現今敘利亞、巴勒斯坦的一個小鎮帕卡瑞提（Pekharety）落腳。泰富努特在拉統治的時代也發生過類似的事情，那時化身為拉之眼的泰富努特試圖離開埃及，後來被歐努里斯、舒或托特帶回，而這次是由蓋伯去尋找他的母親，將她帶回到宮殿裡。

埃及並不比異域更安全。大規模的騷亂仍籠罩著宮殿，一場暴風雨就要來了。在這場強烈的風暴中，神和人類彼此看不清。所有人在宮殿被困了 9 天，直至混亂平息、天氣恢復正常。終於，蓋伯正式繼位，朝臣在他面前親吻大地。然後，蓋伯把他父親的名字刻在赫利奧波利斯的「伊杉德聖樹」（ished-tree）上，托特曾在這棵樹刻寫下所有埃及國王的名字及統治時間。

蓋伯王的統治 ▷

蓋伯即位後不久，離開宮殿前往埃及三角洲，跟隨他已飛到空中的父親足跡，來到雅特—奈貝斯鎮。蓋伯抵達後，詢問當地情況，要求諸神告訴他拉在這裡所發生的任何事情、每場戰役，以及有關舒的所有事情。他們向蓋伯說起舒大勝阿波斐斯子嗣的故事，讓蓋伯龍心大悅，還說到舒王頭上佩戴著活的蛇標（一條抬頭的眼鏡蛇）。蓋伯聽聞後，也想仿效父王佩戴這條活蛇標。不幸的是，這條蛇被封在一個藏在皮亞瑞特（Pi-Yaret）某處的箱子裡，皮亞瑞特在三角洲現在的薩弗特·埃爾—赫納附近。因此，他首先要確定活蛇標所在的位置。這樣的小事根本阻擋不了新上任的國王，他一刻也不耽誤，立刻召集隨從，出發去尋找活蛇標。

蓋伯及隨從很快就發現了箱子的位置，但當神聖的國王探身去開蓋子時，蛇標從裡面竄了出來，噴出一大團火焰攻擊。蓋伯的隨從當場死亡，烈火把他們燒成灰燼。國王倖免於難，但頭部嚴重燒傷。蓋伯受到疼痛的折磨，前往海努草之地（Field of the Henu-Plants）尋求療法，但卻一無所獲。他下令隨從拿來拉的假髮，這項充滿力量的東西是為他療傷的唯一物品。這頂假髮成功治癒了蓋伯，之後又展現更多奇蹟；其中一個奇蹟是，它變成一條鱷魚，這條鱷魚就是後來的雅特—奈貝斯的索貝克。

在法尤姆綠洲正北方伊提塔維（Itj-Tawy）宮殿療養的蓋伯，下一步行動就是派軍平息亞洲的叛亂，帶回大量的戰俘。接著，他又聽到更多舒統治埃及時的故事，清查拉和舒在地上所

托特（右）在伊杉德（鱷梨）聖樹上刻寫國王的統治時間。

建之地。大多地方都被叛亂的阿波斐斯後代摧毀了，蓋伯下令重建。數以百萬計的聚居地重新被建立起來，這些地點都被記錄下來（包括這則神話出處的神廟壁上也有記載），歌頌著蓋伯為埃及留下的功績。

儘管蓋伯是位成功的統治者，但他認為他的兒子歐西里斯將會是一位偉大的埃及國王，是一位能把國家帶向繁榮的神，所以他決定退位，就如同舒和拉之前的退位一樣。蓋伯給歐西里斯這片土地，連同「土地上的水、風、植物和所有牲畜。所有飛著、落著的，於其上的爬蟲和沙漠裡的鳥獸……」。於是，歐西里斯繼任為王，開啟了諸神統治的新時代。

3

歐西里斯的
王權統治

　　蓋伯退位後，把王位傳給他的兒子歐西里斯。歐西里斯是與豐產、再生有關的神。埃及諸神是會死的，歐西里斯死後成為來世之域杜阿特的主人，是庇佑亡者的統治者。歐西里斯在藝術作品中常被描繪成被緊緊包裹的木乃伊，或站或坐，以加冕的形象出現，膚色為象徵沃土的綠色或黑色。他手持埃及法老手中拿的權杖和連枷，脖子上戴著精緻的項圈，頭戴阿太夫王冠（atef-crown）。這頂王冠與法老的上埃及白冠（從下往上逐漸變細、頂部為球形的錐形高帽）相似，但在兩側多了兩束長羽毛。有時，阿太夫王冠上有日輪和牛角的裝飾。

加冕與統治 ▷

　　拉在赫利奧波利斯用阿太夫王冠為歐西里斯加冕，但王冠強大的熱力讓新國王生病了；歐西里斯病了很久。拉看到歐西里斯在儀式之後就在家裡坐著，整個臉腫起來。這對他的統治而言是個不祥的開始。但歐西里斯很快地獲得了偉大而仁慈的國

歐西里斯頭戴阿太夫冠，手持王權的權杖和連枷。

王之譽；其實，歐西里斯在登上王位之前，就當過大臣、赫利奧波利斯的祭司長、皇家傳令官，已經受過很好的歷練。他站立時身長 470 公分，在戰場上肯定讓敵人聞風喪膽。他的統治時期是一個繁榮的時代，握有充足資源，國家穩定繁榮。人民歲月靜好，海灣有無邊無際的努恩之水，吹起清涼的北風（在埃及的酷熱之中，人們特別期盼北風），牲畜繁衍滋生。民亂不起，諸神尊崇。事實上，歐西里斯的統治早期，只面臨一次嚴重的危機事件：一天晚上，一場暴風雨肆虐埃及，塞赫麥特女神用她的力量對付雨水，挽救了歐西里斯。

　　從後來的故事，西元前 1 世紀西西里的狄奧多羅斯（Diodorus Siculus）和西元 2 世紀普魯塔克這兩位希臘歷史學家的記載，我們了解到，埃及許多社會結構和習俗的創建，應歸功於歐西

朱鷺頭的托特神。

里斯的統治。普魯塔克提到，歐西里斯神以埃及國王的身分，教會埃及人如何耕作土地；他也制定律法，教會埃及人尊崇諸神。依據狄奧多羅斯的說法，歐西里斯為人類社會生活做了很多善舉。自從伊西絲發現小麥和大麥之後，歐西里斯讓人類放棄了食人習俗，人類不再食用同類而改吃小麥和大麥。伊西絲也制定了律法，歐西里斯在底比斯為他的父母和其他神修建神廟。這兩位神都尊崇那些培育技藝、促進技術進步的人。其中一項進步就是銅具的開發，它能幫助人們殺死動物和從事農耕。據狄奧多羅斯的說法，最早發明及飲用葡萄酒的就是歐西里斯，並且他凡事都與托特神商量。另一份資料來源指出，肯鐵曼圖（Khentiamentu）是歐西里斯神的化身，當了當朝宰相。胡神（權威的化身）當了歐西里斯的上埃及將軍，西阿神（知覺的化身）則是下埃及的將軍。

　　狄奧多羅斯和普魯塔克都記載，後來歐西里斯組成大軍，周遊世界，把種植小麥、大麥及釀造葡萄酒的知識教給大眾；他

歐西里斯（緊緊包裹得像木乃伊）和伊西絲站立在荷魯斯的 4 個兒子面前。

不在的時候讓伊西絲統治埃及，下令托特輔佐。伊西絲是歐西里斯的妹妹兼妻子，顯然他們還在母親子宮時就已經相愛了。與歐西里斯隨軍出發的，還有他的兒子阿努比斯（Anubis，參見第 196 頁）和馬其頓（Macedon，這是取代了胡狼神維普瓦維特〔Wepwawet〕的希臘神），以及潘（Pan，之於埃及的民神）。這支大軍由精於農業的男子、樂手、歌手和舞者組成，歐西里斯顯然喜歡笑聲、食物和娛樂。普魯塔克說，歐西里斯依靠自己的魅力、說服力以及音樂和舞蹈的吸引力，獲得了所遇之人的支持。

　　就像很多暫停學業展開壯遊的學生一樣，當歐西里斯開始旅行時，他決定在回家前都不修剪頭髮。首先，他向南進入了衣索比亞（Ethiopia），在那裡建立城市，把神奇的農業教給人們，讓人們以他的名義統治該地；找來代理統治的都是值得信賴的人，歐西里斯再向他們收取貢品。最後，他前往印度，在

那裡建立更多城市。然而，歐西里斯的旅程並不完全是一趟和平之旅。比如，他在色雷斯（Thrace）殺死蠻族的首領。歐西里斯周遊了整個世界後，帶著無數異域的禮物返回埃及。

歐西里斯的子嗣　▷

　　根據普魯塔克所述，歐西里斯把奈芙蒂絲誤認為伊西絲，和她發生了性關係。奈芙蒂絲是他另一個妹妹，是塞特的妻子（嗯，伊西絲和奈芙蒂絲兩個人的確長得很像）。奈芙蒂絲擔心外遇會被塞特懲罰，就把與歐西里斯通姦所生的孩子遺棄了（這是典型的羅馬人做法，因此這個細節也許是普魯塔克自行添進神話的）。而伊西絲儘管遭受了丈夫不忠的打擊，仍然出去尋找這個被遺棄的孩子。幾經波折，伊西絲在狗的幫助下找到了孩子。她把這個孩子撫養長大，他日後就成了她的護衛阿努比斯。

　　阿努比斯並不是歐西里斯的第一個孩子。歐西里斯最出名的孩子，就是他與妹妹兼妻子的伊西絲所生的荷魯斯。不過，他最早的子嗣其實是個名字不詳的女兒，我們只能從中王國晚期的一段咒語中知道她的存在，她的職司為製作泥磚。這個女兒曾經建議歐西里斯只能食用一種叫做以加斯（djais-plants）的有毒草本植物以及蜂蜜；對杜阿特（歐西里斯來世的家園）裡的人來說，蜂蜜嘗起來是苦的。可能是因為這件事，她被派去製作泥磚，作為她想謀害父親的懲罰。還有種說法認為巴比神

（Babi）是歐西里斯的長子，他以人類內臟為食，是隻好鬥的神聖狒狒；至於天空中最亮的星星（天狼星）的化身索普丹特（Sopdet）則是歐西里斯的另外一個女兒。在《棺槨文》中，與喪葬和墓地有關的胡狼神維普瓦維特，也被說是歐西里斯的兒子。

奈芙蒂絲

奈芙蒂絲（Nephthys，意思是「宅第的女主人」）常被描繪成人形女神，有時候也被畫成鳶，她是努特和蓋伯的 4 個子嗣之一。她嫁給哥哥塞特為妻。根據後來的傳說，她也是阿努比斯的母親。在神話中，她幫助她的姊姊伊西絲保護並復活了歐西里斯，與伊西絲一起哀悼歐西里斯之死，幫助伊西絲保護荷魯斯免受塞特的傷害。對亡者而言，奈芙蒂絲扮演著類似的保護角色；在石棺上常能看到她的形象，她與哈皮（Hapy）神一起保護單獨保存在卡諾卜罈（canopic jars）中，從木乃伊屍體取出的亡者肺臟。奈芙蒂絲沒有自己的信仰中心，但在第 26 王朝後的護身符上常常能看到她。

塞特謀殺歐西里斯 ▷

關於歐西里斯之死，唯一完整的描述出自上述狄奧多羅斯和普魯塔克這兩位希臘作家的作品。古埃及的資料來源對此事少有記述，因為詳細描繪神的死亡是不敬的。這裡，我們首先從古希臘的資料來源重建完整的故事，然後闡釋這些陵墓、莎草

紙書上的古埃及文獻所支持的情節。儘管普魯塔克的年代比較晚，但他的記述較完整，因此我們先從它開始。

普魯塔克和狄奧多羅斯記載的歐西里斯神話

當歐西里斯旅行結束返回家後，他的弟弟塞特召集了 72 名同謀，夥同一位衣索比亞女王，策畫謀反。塞特偷偷地丈量了歐西里斯的身體，依照其身材製作了一個飾有珠寶的精美箱子。他命人把箱子抬到舉辦慶典的房間裡，讓在場之人讚歎箱子的美麗。如其所料，他的賓客對箱子印象深刻。塞特宣布，不論是誰，只要躺進去大小合適，就把箱子給他。賓客被塞特的提議引誘了，輪流進去試躺，但尺寸都不合適。直到歐西里斯躺進去，發現大小正好。此時，塞特的同謀跳上前去，蓋住箱子，用釘子釘死，還倒上熔化的鉛封住縫隙。他們一刻都沒耽誤，立刻把箱子扔到河中，看著箱子順著尼羅河漂向大海。此事據說發生在歐西里斯在位第 28 年，或他正值 28 歲那年。

伊西絲那時身在科普托斯（Koptos）城，得知這個可怕的消息，就剪下一綹頭髮，穿上喪服。她不知所措地到處搜尋，直到有一天，她遇到一群小孩，向他們詢問是否看見過這個箱子。幸運的是，他們目睹了箱子漂向大海。伊西絲經過進一步的調查，得知箱子已經漂到比布魯斯（Byblos），在那裡，箱子沉入了一簇石南屬植物之中。之後，植物長成了一棵大樹，把箱子藏在它的樹幹之中。伊西絲不願意浪費太多的時間，趕緊出發去取回箱子。但在伊西絲還沒抵達前，比布魯斯國王來

到海邊，對這棵樹的高大讚不絕口。他需要一根支撐宮殿屋頂的堅固梁柱，便砍下了樹幹中最粗壯的部分（裝著歐西里斯的箱子就藏在裡面），把它帶回家。就這樣，當伊西絲到達時，除了剩下的樹幹，什麼也沒有找到。她坐在一眼泉水旁邊，黯然落淚。在這裡，她遇到了王后的一群侍女。她與她們交談，為她們編髮辮，還給她們一種奇妙的香氣。當侍女們返回宮殿時，王后聞到了她們的香味，立即下令把伊西絲帶來；接著，王后讓伊西絲當她孩子的保姆。

每天晚上，當國王與王后入睡後，伊西絲便用法術燒掉小王子身體裡屬於凡人的部分；她還化身為一隻燕子，繞著藏有歐西里斯屍骸的柱子飛，哀悼去世的丈夫。一天晚上，王后聽到了臥室門外的吵鬧聲，躡手躡腳地出去查看。她發現她的孩子身上著火了，嚇得尖叫起來，打斷了伊西絲施法，小王子就此喪失了得到永生的機會。被王后發現的伊西絲，現在以女神的真實身分現身，向王后要那根柱子。王后無法拒絕伊西絲的要求，看著伊西絲移開柱子（幸運的是柱子此時還沒有支撐任何東西），切開木頭，露出箱子。伊西絲立刻撲倒在棺木上號啕大哭，她的感情是如此強烈，以至於小王子受不了而死。

伊西絲回到埃及後，把箱子藏了起來。但有天晚上，塞特借著月光外出打獵，無意中發現了箱子。塞特認出了歐西里斯的屍體，就把屍體撕成 14 塊，扔在埃及境內的不同地方。伊西絲得知塞特的惡行，駕著莎草紙做的船穿過沼澤地，去尋找丈夫的屍塊。她找到了歐西里斯身體的其他部分，唯獨沒有找到他的陽具。歐西里斯的陽具已經被尼羅河的魚吃了，因此，

歐西里斯神躺在停屍床上，伊西絲（右）與奈芙蒂絲（左）哀悼他的死亡。

　　她做了一個假陽具。普魯塔克在這裡提到，有些神話說伊西絲在發現屍塊的每個地方都舉辦了葬禮，這解釋了為什麼會有那麼多地方都有歐西里斯的墳墓；其他神話則說，伊西絲只是假裝在這些地方埋葬屍塊，以便她的丈夫能夠獲得更多神聖的禮遇。多處墓葬也有助於避免塞特發現神的真正埋身之處。

　　早於普魯塔克的狄奧多羅斯，對歐西里斯之死的敘述稍稍簡練一些。他提到，塞特如何謀害哥哥，把屍體切成 26 塊，又如何把每個屍塊分別交給不同的隨從。但伊西絲和荷魯斯（可能是大荷魯斯，在普魯塔克的說法中並沒有提到荷魯斯）開始復仇，他們殺死了塞特及部眾。後來，伊西絲出去尋找歐西里斯的屍塊，除了陽具不見，她找齊了歐西里斯的其他屍塊。為了保護她丈夫的屍體免受塞特（看來塞特沒被殺掉）的破壞，伊西絲決定不讓人知道歐西里斯的埋葬地。但這造成了一個難

題：若沒有可以去拜謁的墳墓，埃及人該如何向歐西里斯表達敬意呢？

她的解決方法很巧妙：她拿來歐西里斯屍身的每個部分，用香料和蠟做出假體，湊成完整的歐西里斯。然後，她分別召喚了各區域的祭司，把「屍身」交給他們，告訴他們這就是歐西里斯的真正遺體，指示他們要在各自的區域裡埋葬看管，舉辦日常的祭祀活動。各區祭司回去為死去的神一一修建了墳墓。因此，全埃及有多處地方都宣稱是歐西里斯真正的墓地。狄奧多羅斯補充說，伊西絲發誓永不再嫁，終身統治埃及。她死後得到了永生，葬在孟斐斯附近。

歐西里斯神話的古埃及資料來源

記載歐西里斯死亡神話的古埃及資料來源本就寥寥，而神話在埃及幾千年歷史中不斷變化讓情況更為複雜。歐西里斯之死，最早出現在古王國時代烏那斯國王（King Unas）金字塔壁上刻寫的《金字塔文》（參見第 146 頁）。

《金字塔文》的敘述

依據散落在《金字塔文》咒語裡有關歐西里斯死亡的資料，可以復原出這樣的情節：化為鳶的伊西絲和奈芙蒂絲，出去尋找歐西里斯的屍身，塞特在奈底特（Nedyt）河岸邊把歐西里斯「推倒在地」（似乎因為歐西里斯踢了塞特）。伊西絲和奈芙蒂絲發現了歐西里斯的屍身後，做出了表示哀悼的儀式性姿

以鳶的形象出現的伊西絲女神。

勢：伊西絲坐下，把手舉過頭頂，而奈芙蒂絲則抓住自己的乳頭。這兩位女神竭力防止歐西里斯的身體腐壞，阻止其體液流到地上，不讓屍身變臭。最終，透過儀式和法術，她們復活了她們的哥哥。

　　《金字塔文》另一個不同版本，說歐西里斯被塞特「打倒到側躺在地」後，他的屍體在蓋赫塞特（Geheset，意思是「瞪羚之地」）被發現。然而，另外的咒語顯示歐西里斯是淹死的，或遭殺害後被扔到水中。歐西里斯溺水而死的這個細節，得到後來文獻的支持：一份可能出自新王國時代的銘文引述了荷魯斯向伊西絲和奈芙蒂絲下的命令，他讓她們抓住歐西里斯，以免歐西里斯沉入淹沒他的水中。一份第 26 王朝的莎草紙書也提及，歐西里斯被扔到水中，一直漂到了東北三角洲的伊曼特（Imet）。

《索爾特莎草紙書 825》

　　《索爾特莎草紙書 825》（*Papyrus Salt 825*）的內容是「木乃伊製作過程的終結儀式」，其中有歐西里斯死亡神話的一些元素。這份莎草紙書記載歐西里斯死於塔維爾（Tawer，意思是「偉大之地」），塔維爾通常是指歐西里斯的主要信仰中心——阿拜多斯所在的諾姆。塞特在那裡攔截歐西里斯，在哈特傑發烏（Hatdjefau，意思是「阿拜多斯的兩處」）的奈底特攻擊了他。尼羅河淹沒第 1 個月的第 17 天，塞特在阿茹樹（aru-tree）下對歐西里斯施加暴力，將歐西里斯扔到水中。努恩神以水體升起，蓋住歐西里斯的身體，並帶走他，把他藏起來。拉神聽說後，急忙查看發生了什麼事。舒和泰富努特又哭又叫，宇宙陷入混亂。男神女神把手舉過頭頂，白日變成黑夜，太陽黯淡無光，大地上下顛倒，河流不能通航。四個方位基點失序了了，現存的任何生物，不論是凡人還是神明，都垂淚不已。

歐西里斯的身體被切成塊了嗎？

　　不同於後世的狄奧多羅斯和普魯塔克的記載，這些《金字塔文》零星的神話段落沒有明確提及塞特肢解歐西里斯；在《金字塔文》只有提到荷魯斯收齊歐西里斯的屍身，可能這是在塞特把歐西里斯肢解後扔入尼羅河之後的事情。「我是荷魯斯，」銘文寫道，「我為你而來，我來淨化你，洗淨你，復活你，為你收集你的骨頭，為你收集水裡漂著的你的屍骨，為你集合你被肢解的各塊。」此外，一些神廟列出埋葬歐西里斯身體各部位的聖地清單；有時埃及各個諾姆都埋了一塊。一份來自新王

國時代的莎草紙書記載了有關歐西里斯和塞特的神話，其中同樣提到歐西里斯被分屍的情節。而在一份更晚的莎草紙書中，泰富努特、伊西絲和奈芙蒂絲在萊托波里斯（Letopolis）一處灌木叢找到他的肩胛骨和脛骨。

孕育荷魯斯 ▷

　　當伊西絲找到歐西里斯的屍體（或重建屍體）後，她用法術把歐西里斯復活了一段時間，而這段時間剛好夠她受孕。伊西絲是如何復活歐西里斯的，不同的資料來源有不同的說法。在丹德拉的哈托爾神廟找到的晚期神話版本，提到伊西絲站在歐西里斯的右側，托特站在左側。他們把手放在歐西里斯身體的兩邊，舉行「開口」儀式（參見第 193-195 頁），來復活歐西里斯。埃及祭司也會對木乃伊施行「開口」儀式，目的是「喚醒」亡者以開啟來世的旅程。在另一個版本裡，化身為鳶的伊西絲拍打著翅膀，為歐西里斯提供生命的氣息：

他的妹妹保衛著他，擊退敵人，用咒語的力量阻止擾亂者（塞特）的行為。巧言妙語的伊西絲，她的言辭不會失敗，她的命令總被執行。強大的伊西絲，她保護著她的哥哥，不知疲倦地尋找他，她在地上徘徊慟哭，一刻不曾停息地找到了他。她用她的羽毛形成蔭涼，用她的翅膀製造氣息，她為她的哥哥歡呼，她與哥哥結合，把沒有氣力的哥哥從遲鈍中喚起，接受了他的種子，孕育了子嗣⋯⋯

———— 阿蒙摩斯（Amenmose）石碑上的《歐西里斯大頌歌》
（*The Great Hymn to Osiris*）

化身為鳶的伊西絲，盤旋在死去的歐西里斯上方，孕育了荷魯斯。

　　受孕那一刻，出現了一道閃電，這讓諸神感到害怕。伊西絲知道塞特會找到她，於是要求諸神保護她肚子裡的胎兒。但阿圖想知道，她如何確定胎兒是神。女神說，她是伊西絲，而孩子是歐西里斯的種。這句簡單的話說服了阿圖，他命令塞特遠離懷孕的伊西絲，他讓女蛇神維瑞特赫卡烏（Werethekau，意思是「擁有強大巫力者」）去提防塞特。

塞特從瓦貝特偷走歐西里斯遺體　▷

　　即使在拼湊起歐西里斯的遺體之後，仍有必要保護遺體免受塞特的傷害。首先，我們得知，努特罩住歐西里斯，把他藏起來，以免敵人找到他。甚至後來，當阿努比斯製作歐西里斯的木乃伊（為屍體作防腐處理是阿努比斯神的眾多職司之

一）的時候，塞特繼續構成威脅。有一天，接近黃昏時，塞特找到時機，阿努比斯把歐西里斯的遺體單獨留在了瓦貝特（wabet）——處理防腐的地方。狡猾的塞特為了不被發現，變成了阿努比斯，而他的計謀成功了，守衛沒有認出塞特。塞特在瓦貝特搶到歐西里斯的遺體後，用船載著遺體航向西方。但阿努比斯很快知道這件事，立刻與隨從出發追擊。當他們追上塞特時，塞特化身為一頭公牛，恐嚇狗頭神阿努比斯。但阿努比斯抓住了塞特，綁住塞特的四肢，割掉他的陰莖和睪丸。阿努比斯打敗敵人後，背著歐西里斯的遺體，準備把遺體送回瓦貝特，而塞特則被囚禁在上埃及第 17 諾姆的薩卡（Saka）一處折磨之地。

還有一次，塞特再次攻擊歐西里斯的遺體後，化身為一隻大貓。但塞特被逮住了，被施以烙刑，豹子的斑點就是這麼來的。後來，塞特化身為阿努比斯（這畢竟是個好計謀，值得多次使用），又偷了歐西里斯的遺體。就像以前一樣，塞特又被抓住了，但這次塞特被判處終其餘生都要做歐西里斯的椅子。

也許塞特不願意永遠支撐屍體的屁股，就逃進了沙漠。阿努比斯和托特追擊塞特，托特使用法力打倒了塞特。塞特的四肢被捆，兩位神決定燒死他永絕後患。燃燒的氣味傳到了天上，「拉與諸神覺得它（氣味）讓人感到愉悅」。然後，阿努比斯剝了塞特的皮，穿在身上。他穿上令人毛骨悚然的塞特皮所做成的衣服，與敵方徒眾會合，利用夜幕低垂時在山坡上混入其中，把血腥計畫付諸行動。他揮刀一掃，割下了敵人們的首級，從這些無頭屍身上流出的血淌遍整個山坡。

　　然而，在阿努比斯為歐西里斯製作木乃伊時，他面臨的問題不僅是塞特的破壞：防腐處理本身似乎就讓阿努比斯難以承受了。一則神話敘述狗頭神如何憂心如焚，如何變身為蜥蜴，如何匆忙從瓦貝特出來，向人們訴說他在裡面所看到的恐怖東西（可能是歐西里斯那毫無生氣的屍體）。諸神聽了這個消息後無法平靜，都哭了起來。

歐西里斯和博爾賈家族

1493 年，教宗亞歷山大六世羅德里戈‧博爾賈（Rodrigo Borgia），委託畫師平圖里基奧（Pinturicchio）在他梵蒂岡的私人公寓繪製壁畫。在這些壁畫中，有一些畫了長著翅膀的斯芬克斯（Sphinx）和尼羅河的棕櫚樹，其中還有歐西里斯神話和阿皮斯聖牛（Apis bull）。這些異教畫像出現在這裡頗不尋常，題材的靈感來自教宗的祕書喬凡尼‧南尼（Giovanni Nanni）的創意之舉：他把教宗亞歷山大的世系上溯至伊西絲和歐西里斯，他聲稱，歐西里斯在周遊世界時，把埃及的智慧帶到了義大利。博爾賈家族的盾徽裡有頭公牛，這點強化了該家族與歐西里斯的關係。現在，這頭公牛被說成是阿皮斯聖牛，藉此讓教宗與教化人類的歐西里斯相連。

歐西里斯的葬禮 ▷

當歐西里斯被做成木乃伊後，拉下令為死去的神舉辦葬禮。阿努比斯主持喪葬儀式，蓋伯協助阿努比斯進行相關安排。當送葬隊伍在尼羅河上航行時，哀悼者緊盯著塞特的爪牙，還一度遭到化身為牛的爬蟲類動物攻擊。然而，送葬隊伍成功避開了他們的攻擊，繼續前往舉辦葬禮的阿拜多斯。一路上，伊西絲和奈芙蒂絲都在哭泣。後來又舉行了各項追悼儀式，諸神頗感欣慰。阿努比斯為了保護歐西里斯的遺體，在墳墓周圍布下了蛇群，名喚「守護歐西里斯的諸神」。

歐西里斯成為庇佑亡者的國王 ▷

儘管，伊西絲使用法術復活了歐西里斯，懷上兒子，但被謀殺的神並不能完全回到活人的世界。復活的歐西里斯只能留在杜阿特，他成為這裡的國王，統治受其庇佑的亡者。歐西里斯只能留在這裡，透過信使才能與活人的世界聯絡。歐西里斯是世界再生的力量，每晚的半夜時分都與羸弱的太陽神合而為一，為他注入充足的能量，讓太陽神每早都能從東方升起，繼續空中巡遊。歐西里斯也主持亡者的審判，監督瑪阿特羽毛和亡者心臟的秤重（參見第八章）。

4

塞特奪位與
荷魯斯的勝利

　　歐西里斯死後，塞特登上埃及王位。關於塞特統治的時間，不同資料有不同說法。《都靈王表》記載塞特至少統治埃及 100 年，曼奈托在托勒密時代編寫的《埃及史》（*Aegyptiaca*）雖然原書已失傳了，但後世多有引用，有時也稍加改動，這本書記載塞特統治埃及 29 或 45 年。在塞特的統治時期，他透過信徒最盛的城鎮和諾姆，「用他邪惡的計畫淹沒了整個國家」，最信奉塞特的地方是上埃及第 19 諾姆與下埃及第 11 諾姆。

　　塞特成為法老後，最先採取的行動之一，就是把伊西絲和奈芙蒂絲關在賽斯的紡線坊。伊西絲心情沉重，哭得眼窩深陷。不清楚她被關了多久，但至少長達數月，因為塞特每 30 天就會向伊西絲指派工作。其他神話提到，塞特把奈芙蒂絲鎖在家中，但她攻擊塞特，逃出去幫助伊西絲，卻把兒子留給殘忍的塞特。這個兒子的身分還不清楚，有可能是好鬥的鱷魚馬加（Maga）。據說，馬加曾經咬掉歐西里斯的左臂。馬加不但犯下這起暴行，還矢口否認，所以他的城鎮被詛咒了，自己也被割掉舌頭。奈芙蒂絲雖然為塞特又生了孩子，但她內心對歐西里斯的愛慾也更強烈，這或許是塞特謀殺哥哥的理由之一。

拉美西斯三世是由荷魯斯（左）及塞特
（右）這對王權競爭對手一起加冕為王。

奈芙蒂絲因為背叛塞特，一直活在害怕被塞特殺死的恐懼之中。儘管如此，她還是出手相助，背著丈夫，幫忙隱藏歐西里斯的遺體。

荷魯斯的出生及幼年 ▷

荷魯斯在紙莎草叢降生

哦，作惡者（塞特），你的罪行朝準了你自己。我們的主在他的家中，不會害怕。那孩子要比你偉大。他會活下去，他的父親也會活下去。

——《紐約大都會博物館莎草紙書 35.9.21》（*Papyrus MMA 35.9.21*）

　　伊西絲終於逃離紡線坊，身懷六甲的她躲進東北三角洲一處叫做凱姆斯（Khemmis）的地方。根據希臘史學家希羅多德

頭戴上下埃及雙冠的鷹隼頭神荷魯斯。

（Herodotus）的記載，凱姆斯是布陀（Buto）的一座浮島，不過在他參訪時小島已經不在了。伊西絲懷胎 10 月後，在那裡生下荷魯斯。不幸的是，塞特得知荷魯斯出生了，因為伊西絲分娩那一刻，塞特的床搖晃起來，把他搖醒了。伊西絲在三角洲沼澤中「孤身一人，在不為人知的居處」撫養荷魯斯。幼年荷魯斯受到伊西絲的法力保護，奈芙蒂絲、瓦吉特（Wadjet）、奈赫伯特（Nekhbet）等女神也來當保姆照料他。像奈芙蒂絲一樣，哈托爾以聖母牛的形象做了荷魯斯的奶媽。

很多年來，塞特一直尋找小荷魯斯的下落，他拔光紙莎草，燒掉沼澤，但在伊西絲的保護措施下，盛怒的國王依然遍尋不著。伊西絲一旦感覺到塞特的破壞性怒氣，就把荷魯斯抱在懷中離開。貝迪特的荷魯斯，在小荷魯斯降生前就發誓要保護他。有一次，他帶著船隊前來保護這對母子，使其免受塞特及部下的傷害。隨之雙方在河上大戰一番。塞特變成一頭河馬，

而貝迪特的荷魯斯變成了強壯的青年。最終，貝迪特的荷魯斯手持魚叉，擊殺敵人獲勝。

荷魯斯幼時經歷病痛和困苦

儘管有諸神相助，小荷魯斯還是坎坷不斷，他不是為疾病所擾，就是被危險動物威脅（這些神話的來龍去脈參見第六章）。其中，小荷魯斯遇到一個全世界的孩子常遇到的問題，即使是今日或是大人都很難倖免，那就是惡夢。據記載，他說：「來我身邊，我的母親伊西絲！瞧，在我自己的城市裡，我看到離我很遠的東西！」伊西絲答道：

聽著，我的兒子荷魯斯。說出你看到的東西。如此一來，你就擺脫了沉默；如此一來，你夢見的幻景就會消失！火會撲向恐嚇你的東西。瞧，我已經來看你了，我會趕走你的煩惱，我會祛除所有的疾病。祝你好夢！願看到的黑夜就如白天一樣！願努特之子塞特帶來的全部壞病都被趕走。拉會戰勝他的敵人，我將戰勝我的敵人。

———————— 《切斯特比替莎草紙書三》（*Papyrus Chester Beatty III*）

身體的疼痛也折磨著荷魯斯，這些疼痛是魔鬼（demons）或蠕蟲作怪。我們發現有幾個故事都是肚子痛。荷魯斯在拉神的淨池邊上吃了一條金色的阿布都魚（abdu-fish），肚子就痛了，痛到整天躺著。還有一次，伊西絲帶來 1 歐埃皮（oip，譯注：古埃及容量單位，約19.2公升）的東西，用來消除她兒子腹部的疼痛。

當荷魯斯吸食母乳時，疼痛以惡魔的樣子進入荷魯斯體內；

其中一個惡魔讓荷魯斯的心臟虛弱、嘴唇發青。於是，伊西絲、奈芙蒂絲帶著虛弱的荷魯斯，去拜訪諸多男子、女僕和保姆，詢問他們的育兒經驗，過去如何治癒得了類似疾病的孩子。其他時候，小荷魯斯則飽受頭痛之苦：

瞧，她來了，伊西絲在那裡，她來了。她像一名哭喪的婦女一樣地晃動著頭髮，她那驚慌失措的樣子，就如她兒子荷魯斯因頭痛而散亂了頭髮，就如在大河谷的戰鬥中，荷魯斯被努特之子塞特弄亂了側邊的髮辮！

──────《布達佩斯莎草紙書 51.1961》（*Papyrus Budapest 51.1961*）

荷魯斯也被火燒傷過：

小荷魯斯在藏身之處。火掉進他的體內。他對進入體內的火一無所知，而火對其進入的身體也一無所知。能為他施展法力的母親不在……孩子很小，火很強。此時沒有誰能救他。伊西絲（在）放下紡線的那刻，走出紡線坊。「來吧，我的妹妹奈芙蒂絲！……告訴我，我怎麼做我知道（要去做）的事情，我如何用我的奶水、我兩個乳房流出好的液體為荷魯斯去除火燒的痛苦。我把它塗在你的身體上，這樣你的血管就變好了。我會讓攻擊你的火消退！

──────《大英博物館莎草紙書 10059》（*Papyrus British Museum 10059*）

荷魯斯也遇到一些沒這麼戲劇性的問題：一則神話敘述荷魯斯在田地如何哭喊，因為他的牛隻被獅子、胡狼和鬣狗等野生動物騷擾。

伊西絲與 7 隻蠍子

一些篇幅更長的神話描述荷魯斯的幼年，也有類似的主題。其中，以伊西絲和 7 隻蠍子的神話最詳細。這則神話描述：伊西絲從賽斯的紡線坊逃脫了，托特前來拜訪，警告她塞特計畫傷害她的孩子。他建議伊西絲躲起來，直到荷魯斯安全地長大，可以向惡叔叔挑戰為止。伊西絲知道托特聰明過人，於是當晚帶著荷魯斯坐上轎子離開，這頂轎子由 7 隻蠍子護衛，蠍子是蠍子女神塞爾凱特（Serqet）的化身，3 隻在轎前，2 隻在轎裡，2 隻則在轎後。為了防止塞特得知行蹤，這些蠍子無論遇到誰，不分貴賤，都不能和任何人交談，一路也不能抬頭，直到抵達三角洲邊緣「兩姊妹的城市」的「鱷魚之家」。

有一天，他們繼續趕路，荷魯斯和蠍子來到了一大片房子前。這些房子屬於一位已婚的富婆，她很遠就看到他們，卻關上所有的門。這個舉動惹怒了 7 隻蠍子，於是決定報復。1 隻混合 7 隻蠍毒的蠍子泰分（Tefen），趁伊西絲和其他蠍子在沼澤地一個農家女孩家歇息時，從富婆家門下溜進去，螫傷她的兒子。富婆慟哭哀悼，彷彿房子被大火燒光。她無法辨兒子的死活，在鎮上徘徊哭泣，但沒有人來幫助她。

伊西絲很擔心這個孩子，她認為富婆的孩子是無辜的。她告訴富婆她可以開口喚醒亡者，她解釋她在自己的城鎮頗有些名氣，因為她能說出具有力量的話語，可以祛除中毒。伊西絲在富婆家中，把手放在孩子身上，依序說出 7 隻蠍子的名字。伊西絲知道蠍子的真名，所以能對蠍子施法。她命令蠍毒離開孩

塞爾凱特以人形現身時，頭上有蠍子
的符號。

基督教意象下的伊西絲和荷魯斯

西元 4 世紀，隨著羅馬帝國尊基督教為國教，帝國裡的異教
文化習俗都被基督教同化，以便於採行新的信仰體系。不
過，早在西元 2 世紀以來，基督教就在埃及全境流傳了；在
基督教發展的早期階段，傳統的古埃及思想已經滲入其中。
伊西絲信仰在整個地中海地區盛行開來，因而對埃及人和羅
馬人來說，都能一眼認出來伊西絲抱著小荷魯斯或給他餵奶
的雕像或畫像；再加上以肖像描繪方式的古樸性，伊西絲和
小荷魯斯的母子像，無論是透過科普特人（Copts）還是羅
馬信徒，可能就是聖母抱聖子像的靈感來源——聖母抱聖子
的肖像表現傳統一直流傳到今天。同樣地，荷魯斯用魚叉攻
擊化身為河馬或鱷魚的塞特，象徵打敗了亂源，也許是聖喬
治（St. George）屠龍肖像的靈感來源。（又或者靈感其實是
來自塞特殺死阿波斐斯？）

子，於是孩子很快就復原了。伊西絲又叱責蠍子，提醒他們不能與任何人說話，還告訴他們不能在這些地區敗壞名聲。接著她告誡蠍子要低著頭，直到抵達凱姆斯的藏身之所。富婆目睹一切後，得知自己犯了大錯，就把財物都給了伊西絲和那名農家女孩。

荷魯斯中毒

　　伊西絲與荷魯斯安全地藏在凱姆斯的沼澤地，伊西絲含辛茹苦地扶養孩子，整天出外覓食，為小荷魯斯提供一切所需。然而，有天她回來後，發現小荷魯斯昏迷不醒。他眼中流出淚水，嘴角流下口水，弄濕了河岸。他的身體一動也不動，心跳微弱，不會吸奶了。伊西絲驚慌了，向沼澤地村民呼喊，懇求他們提供幫助，但沒人懂得治癒他的法術。然後，一名有力的地方婦女前來幫忙。她提醒伊西絲，荷魯斯在凱姆斯不會被塞特傷害，因此，荷魯斯的病不是塞特造成的，她建議伊西絲檢查荷魯斯身上有沒有蠍子螫傷或蛇咬傷的痕跡。

　　伊西絲靠近她的孩子，聞到荷魯斯口中散發的氣味，很快就知道出了什麼問題。伊西絲抱住荷魯斯哭了起來，尖叫道：「荷魯斯被咬傷了，哦，拉！」她的哭聲引來奈芙蒂絲，姊妹倆抱頭痛哭，哭聲在沼澤地迴蕩不已。不久之後，塞爾凱特女神也來了，問伊西絲出了什麼事；她建議伊西絲向天空呼喊，引起太陽船的注意。「拉的船員將會停下來，」她說道，「只要荷魯斯還這樣躺著，拉的船就不會起航！」

伊西絲向天空大喊，喊聲使得日輪停止前進。托特帶著法力從太陽船下來查看。他遇到伊西絲，發現荷魯斯患了病。托特向伊西絲強調荷魯斯的安全對他自己以及追隨拉的諸神有多麼重要。伊西絲不理這些話。她抱怨道，「托特，你的智慧多大，但你的計畫卻這麼慢！」她告訴托特，災禍一件接著一件，數都數不清。「瞧，荷魯斯中毒昏迷不醒！一定是我弟弟搞的鬼。死亡是最終的毀滅。」

托特仔細聽了後，讓伊西絲冷靜下來，告訴她不要害怕，說他從天上下來時帶著可救活荷魯斯的生命氣息。他安慰好伊西絲，開始念起一長段咒語，咒語內容是讓一系列神聖生物、動物和地方，為荷魯斯提供庇佑。他那具有力量的話語，把荷魯斯身上的毒逼出來。托特又讓村民返家，答應伊西絲向村民施法，讓他們以後無法認出伊西絲。危機化解後，托特返回天上，太陽船繼續航行，留下隱姓埋名的荷魯斯和伊西絲安全地生活著。

塞特統治下的強暴與亂倫　▷

荷魯斯在凱姆斯成長期間，一直活在恐懼塞特的暴力下，伊西絲也是如此惴惴不安。伊西絲曾被塞特侵犯：不僅搶走財物，在他當權期間還不止一次強暴伊西絲。有則神話說：伊西絲在下埃及第 19 諾姆被塞特強暴後，懷了身孕，最後早產，生下一個畸胎，像是黑色朱鷺加上狒狒的形狀。還有一次，塞

特綁住伊西絲，再次要強暴她，但她的陰道夾住他的陰莖，讓他拔不出來。

伊西絲領導一場反抗塞特的戰爭。她變成了好鬥的塞赫麥特女神，藏在山中。她從那裡向敵人噴火，把他們都燒成灰。然而，塞特發現伊西絲，認出了她。他變成了公牛，想追上她強暴她。伊西絲變成一隻狗，尾巴尖端有把匕首。變身後的伊西絲盡力跑在塞特前面，甩開被激起性慾的塞特，所以他只能把精液射到地上。伊西絲嘲笑他說：「哦，公牛，撒了（你的精子），真教人討厭。」伊西絲拋下塞特，變成一條蛇，爬到一座山上，從那裡她可以看到塞特黨羽的行動。當他們從第 19 諾姆前往東山時，伊西絲把他們一一刺傷，讓她的毒液滲進他們體內。塞特的黨羽立刻身亡，血流遍整座山。

國王中興 ▷

為你，荷魯斯已經被從胸帶上解下來了。這樣，他就能追上塞特的部眾，抓住他們，砍掉他們的腦袋，砍斷他們的前腿，切開他們，取出他們的心臟，喝他們的血。

《金字塔文》535

荷魯斯神話的結局是這樣的：年幼的神終於長大成人，當面對抗他的叔叔，要塞特把歐西里斯傳下的王位歸還給他。這部分就像其他故事一樣，也有很多版本；一份新王國時代

的《切斯特比替莎草紙書一》（*Papyrus Chester Beatty I*）記載最為詳盡，這個版本在今天被稱為《荷魯斯和塞特之爭》（*The Contendings of Horus and Seth*）。

荷魯斯和塞特之爭

正如預期，當荷魯斯來到宇宙之主「拉─哈拉凱提」的面前，要求取回屬於他的王位時，塞特拒絕讓位給他的姪子。一些神支持塞特的決定，另一些神則支持荷魯斯，導致一場持續 80 年的法律糾紛。

從一開始，爭論就很激烈。遜位的國王舒，認為統治之職應該授予荷魯斯。智慧之神托特也支持舒的決定，於是伊西絲早以為兒子取回王權了。她令北風把好消息帶到西方，如此一來在杜阿特的歐西里斯便會知道。舒得到托特的支持，大感欣慰，但主持法庭的拉卻因他們的冒失行為生氣了，畢竟他還沒有發表他的意見。

「你們自己怎麼能單獨行使權力呢？」宇宙之主喊道，接著獨坐一會兒，就對九柱神大發雷霆。塞特察覺自己有了盟友，加入爭論，要求讓他和荷魯斯到外面去，向神擔保他的「手將戰勝他（荷魯斯）的手」；塞特似乎想用拳頭來解決問題。

永遠懂得隨機應變的托特問道：「我們是不是要查明誰是篡位者？如果歐西里斯的兒子荷魯斯還活著，我們也要把歐西里斯的王位授予塞特嗎？」

宇宙之主更加憤怒了，他想把王位給塞特，但事情卻陷入混

亂之中。歐努里斯喊道：「我們要怎麼辦？」阿圖建議傳喚巴奈布傑丹特（Banebdjedet）到庭，幫助判案。法庭表示同意，派人前去召喚。巴奈布傑丹特來了，同行的還有搭便車的「普塔—塔坦能」，但他卻拒絕做出決定，還建議諸神寫信給奈特聽聽他的意見，按照奈特的建議行事。於是，托特寫封信寄了出去，問她該如何做。幸運的是，奈特比巴奈布傑丹特果斷得多，她說：「把歐西里斯的王位給他的兒子荷魯斯！不能公然進行不正當的壞事，否則我會大發雷霆，讓天塌到地上。告訴宇宙之主，這頭住在赫利奧波利斯的公牛，『給塞特財產。把你的兩個女兒阿娜特（Anath）和阿什塔特（Astarte）嫁給塞特，讓荷魯斯坐在他父親歐西里斯的王位上。』」

這個法庭叫做「長有凸角的荷魯斯」，托特與九柱神都在場，奈特的信被送到托特面前。他向同儕大聲讀了信，九柱神一致同意奈特的建議。但宇宙之主又震怒了，還向荷魯斯發洩怒氣，說荷魯斯是卑鄙之徒，不配坐上王位，還有口臭。歐努里斯很生氣，法庭上其他神也是。巴比大為光火，他告訴宇宙之主他的神殿將空無一人，這種說法對神是最大的傷害，因為神怎能沒有信徒呢？宇宙之主深覺冒犯和悲傷，這天的其他時間都躺臥不起。九柱神也意識到巴比太過分了，斥責巴比神，對他喊著：「出去！」然後，他們返回各自帳中。

宇宙之主的女兒哈托爾來到她父親的帳裡，站在他面前，出其不意地露出私處，要逗父親發笑。現在，快活的宇宙之主重回大九柱神之列，他要求荷魯斯和塞特各自表述應立他們為王的理由。塞特搶先指出，他是諸神中最強壯的，每晚都在太陽

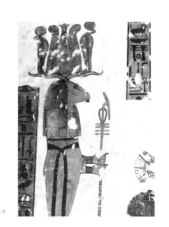

巴奈布傑丹特神。

神船頭殺死拉的敵人阿波斐斯，還說其他神無法擔當這個重責大任。諸神被他說動了，紛紛同意塞特的說法。但托特和歐努里斯提醒諸神，當死去國王還有活著的兒子，由叔叔繼承王位是不對的。巴奈布傑丹特最終發表了意見，現在他站在塞特這邊。宇宙之主接下來說了一句話，但這句話太令人震驚了，以至於沒有被記下。雖然不知道他說了什麼，但諸神對這句話的反應十分強烈，他們十分不安。

　　輪到荷魯斯發言。他說他因詭計而受害，又被剝奪了父親的王位，在九柱神面前這是多麼不公正。不過，他沒有太多的時間說話，因為情急的伊西絲打斷了他。她說這件事應該送到赫利奧波利斯的阿圖和「船上的凱布利」那裡去裁判。諸神深以為然，一起告訴她不要生氣，因為「權利將被給予有理的一方」。這激怒了塞特，他誓言要用巨大的權杖每天殺死一位神，除非伊西絲離場，否則他不再出席法庭了。於是，宇宙之主，這位塞特的忠實支持者下令：把伊西絲留在這裡，諸神則航行

到「中間的島嶼」（也許是在尼羅河中）繼續庭審。他禁止擺渡神奈姆提（Nemty）將任何長得像伊西絲的女子送上島。

諸神立即前往島嶼，一上島，就坐在樹下吃起麵包。同時，伊西絲不願意輕易放棄，她變身為一個手戴金戒指的駝背老婦，走到擺渡神奈姆提面前，懇求他載她去島上。她告訴他，有個青年在島上照顧牲畜已經 5 天了，非常飢餓，她將為男子帶去一大碗麵粉。奈姆提猶豫不決；他知道宇宙之主的命令，但在他面前的是一個不會惹麻煩的老婦。伊西絲提醒他，宇宙之主下的令是要他不載伊西絲過去，但眼下四處都不見伊西絲。她還遞給擺渡神一塊蛋糕做渡資，但奈姆提不為所動，於是，她送上金戒指。奈姆提受利誘讓步了，用船載著伊西絲去了禁島。

伊西絲到達島上，發現宇宙之主與諸神正坐著吃飯。她為了引起塞特的注意，化身為一名美女。果然引起塞特的色心，他好奇地尾隨伊西絲。伊西絲告訴塞特，她是牧人的妻子，並為牧人生下一個兒子。丈夫死後，由兒子獨自照料牲畜。後來來了一個陌生人，賴在他們的畜舍裡不走，還威脅要打他，奪取牲畜，把他趕走。伊西絲轉向塞特問他對這些事情的看法，又加了一句，她希望塞特支持她。塞特已經被面前的美女迷住了，毫不猶豫地說道：「當一個人的兒子仍然活著時，能把牲畜給陌生人嗎？」他還說應該用棍子棒打騙子的臉，把他趕跑，讓兒子得到應有的一切。

伊西絲開心自己誘騙塞特的計畫成功了，她變成一隻鳥，停在塞特搆不到的相思樹樹枝上。她告訴塞特，他說的話正是

譴責他自己，他的聰明已經審判他自己；他應該感到羞愧才是。塞特放聲大哭，向宇宙之主跑去。對於塞特譴責自己做的事情，宇宙之主只能同意執行。塞特不甘心奈姆提載伊西絲上島，於是要求懲罰奈姆提。這位不幸的擺渡神被拖到島上諸神所在之地，砍斷腳趾頭。從那天起，奈姆提就痛恨黃金。

得到阿圖和拉─哈拉凱提的一致同意後，諸神加冕荷魯斯為王；但塞特惱羞成怒，找上荷魯斯決鬥。他說，為了確定誰是合法的國王，他們兩人都應該變成河馬，跳入大海深處，能在水底待上 3 個月的一方才是贏家。當他們兩人坐在水底時，伊西絲製作一柄魚叉，把它扔進大海。第一次魚叉擊中荷魯斯，讓她嚇壞了。她收回魚叉，再次擲向塞特。這一次魚叉擊中目標。塞特叫伊西絲別忘了他們是手足關係，說服她放過他。荷魯斯覺得受到母親的背叛，從水裡冒出，臉色像上埃及豹子一樣凶狠，盛怒之下砍下母親的頭顱。伊西絲化身為無頭的燧石雕像，而荷魯斯手提母親的頭顱，消失在一座山坡之上。

宇宙之主對此事怒不可遏，決定讓諸神去懲罰荷魯斯。因此，他們登上這座山去追擊年輕的神。塞特發現荷魯斯躺在一棵樹的樹蔭之下，兩位神打了起來。塞特比荷魯斯更強壯一些，於是他把荷魯斯打翻在地，挖出了荷魯斯的眼睛，把它們埋在地下。塞特揚揚得意地離去，把瞎了眼的荷魯斯扔在那裡。塞特回到諸神同伴那裡，告訴宇宙之主他沒找到荷魯斯。在諸神繼續尋找荷魯斯的期間，荷魯斯之眼長成了荷花。最終，哈托爾遇見了荷魯斯，此時他正在樹下痛苦地哭泣著。哈托爾為了治癒荷魯斯，抓了一隻瞪羚，擠了些奶，把瞪羚奶倒

用魚叉捕獵的圖坦卡門（Tutankhamun）小雕像。

在他那空洞的眼窩上。這樣就治好了荷魯斯之眼。

　　這些無情的暴行讓法庭諸神難以承受。宇宙之主要荷魯斯和塞特坐下來吃頓飯或喝席酒，和平解決問題，讓他和其他神得到安寧。塞特接受了宇宙之主的建議，邀請荷魯斯到他家吃飯。在塞特家裡，他們倆又吃又喝，最後兩人在塞特的床上小憩。晚上，塞特燃起了情慾，把陰莖插入了荷魯斯的兩條大腿之間。荷魯斯大驚，手上攢著塞特的精液，跑去告訴伊西絲發生了什麼事情。於是，伊西絲砍掉荷魯斯的雙手，把它們扔進河裡，用法術做了新手。伊西絲懷疑塞特這麼做是有更大的陰謀，所以她就用香油膏擦拭荷魯斯的陰莖，刺激荷魯斯的性慾，讓他射精，把精液集到一個罐子裡。然後，伊西絲拿著裝有荷魯斯精液的罐子，把精液灑在塞特的花園。當晚，塞特去花園吃萵苣，結果就吃下了荷魯斯的精液。

　　荷魯斯和塞特又來到大九柱神面前，表述立他們為王的理由。這次，塞特說應該立他為王，因為他對荷魯斯做了「男人

的事」。九柱神大叫了起來，向荷魯斯臉上吐口水。荷魯斯向他們大笑：「塞特說的一切都是謊言。」他說，「呼喚精液，讓我們看看精液從哪裡回應。」托特走上前來，把手放在荷魯斯的肩膀上，說道：「出來吧，你，塞特的精液！」精液是從附近的沼澤地應聲。接下來，托特又把手放在塞特的肩膀上，說：「出來吧，你，荷魯斯的精液！」在塞特體內的精液問該從哪裡出來。托特建議荷魯斯的精液可以從塞特的耳朵出來。於是，荷魯斯的精液像金色日輪一樣地升起來。塞特惱羞成怒，試圖抓住這個圓盤，但托特平靜地從塞特頭上抓住圓盤，把它放在自己頭上作了冠冕。九柱神宣布，荷魯斯所言為真，塞特講的是假話。

盛怒的塞特再次找上荷魯斯決鬥。這次他要求用石船競速，他說誰贏了比賽，誰就贏得了王權。荷魯斯用雪松造船，再把船塗得像艘石船一樣，沒人識破他的伎倆。塞特削掉一座山的山頂，從中刻出一艘船。九柱神在岸邊列隊觀看塞特的船下水，但船一碰到水就沉沒了。塞特又驚又怒，變成一隻河馬，鑿沉了荷魯斯的船隻。荷魯斯轉而拿起魚叉投向塞特，但九柱神要求他停下來。荷魯斯駕著受損的船隻前往賽斯，向奈特抱怨應該要做出最後的判決了，這起案件已經拖了80年。荷魯斯發起牢騷，他說幾乎每天都要證明自己是合法的埃及王，但塞特總是不遵守九柱神的裁定。

然後，托特向宇宙之主建議寫封信告訴歐西里斯，由他在荷魯斯與塞特之間做出裁決。歐西里斯失望地回信道：「是我讓你們如此強大，是我創造了大麥小麥給神及神之下的畜群食

用，而其他男神女神缺乏這樣的能力，為什麼我的兒子荷魯斯要受哄騙呢？」宇宙之主對歐西里斯的回覆並不滿意，又去信說，即使歐西里斯沒有出生，大麥小麥仍會出現。歐西里斯下封回信更不客氣，他怒斥宇宙之主竟然不成就公義，讓公義沉入杜阿特。他還加了一個更直白的威脅：

因為我所處的地方，鬼吏差使盡是一些凶神惡煞，他們不怕任何男神或女神。我要做的就是派出他們，讓他們把罪犯的心臟帶回來，讓他們和我一起。

—— 《荷魯斯和塞特之爭》

托特向九柱神大聲讀了歐西里斯的信，九柱神可能擔心自己的心臟被帶走，很快地就宣布歐西里斯所言甚是。但塞特又向荷魯斯發起挑戰，請求允許他們到「中間的島嶼」繼續爭鬥。他們的確又打了一架，而荷魯斯再度贏了叔叔。

事情到了非解決不可的地步，諸神也不願再看到荷魯斯與塞特爭鬥了。阿圖命令逮捕塞特。上了枷鎖的塞特被帶到阿圖面前。阿圖質問塞特為什麼不接受裁決，為什麼要篡奪荷魯斯的王位。塞特終於讓步了，讓他把荷魯斯帶來，將歐西里斯的王位傳給荷魯斯。於是，荷魯斯被帶來加冕，伊西絲高興地大喊。普塔問該如何處置塞特，「拉—哈拉凱提」這位宇宙之主開口說道，他會把塞特帶走，讓塞特以他兒子的身分與他同住空中；於是，塞特成了讓人懼怕的雷神。現在，事情終於解決了，埃及全國和九柱神都欣喜不已。

塞特的祕名

荷魯斯和塞特放下他們的分歧,一起乘坐荷魯斯的金船航行。當兩位神享受乘船之樂時,一個不知名的生物從甲板爬向塞特,咬傷了他,塞特因而病倒了。就像伊西絲那次讓拉說出祕密的真名一樣,荷魯斯要塞特說出祕名,這樣才可以用法術治癒他。

「透過一個人的名字,才能對他施以法術。」荷魯斯讓他的惡叔放下戒心。就像拉的顧慮一樣,塞特也不願意輕易說出他的祕名,即使這意謂著要冒上生命危險。

塞特說:「我是昨天,我是今天,我是沒有到來的明天。」但荷魯斯心知肚明,說塞特不是這些東西。塞特多想了一會,然後說他是「裝滿箭的箭袋」和「裝滿騷亂的罐子」。荷魯斯還是不同意。「我是一個身高 1,000 腕尺的人,我的聲名無人知曉。我是一個造得如青銅般堅固的打穀場,牛隻都無法踏起塵土。我是一罐來自芭絲特乳房的奶。」荷魯斯一一駁回,直到塞特最終讓步了:「我是一個身高 100 萬腕尺的人,我的名字是邪惡之日。在分娩日或受孕日,沒有人出生,沒有樹結果。」塞特的真名終於洩露了,荷魯斯治癒了他的傷口,讓他又能重新站起來。

其他說法

其他描述荷魯斯與塞特之爭的文獻都很簡短。《金字塔文》提及，荷魯斯抓住塞特，把他押到歐西里斯面前。接著，蓋伯在法庭上審判了塞特對歐西里斯的暴行。荷魯斯在這裡扮演的角色並不起眼，因為訴訟裁決的是塞特和歐西里斯之間的糾紛。最後，歐西里斯被授予大地和天上的王國，處罰塞特成為負載歐西里斯的王座。後來，塞特與荷魯斯一起為這位死去的國王效力：他們合力殺死巨蛇，為國王提供登天的梯子。

《金字塔文》不斷提及荷魯斯與塞特在打鬥所受的傷。象徵塞特性能力的睪丸被人歸還，象徵荷魯斯敏銳視力的眼睛也失而復得。甚至殃及托特必須治療手臂之傷。另一則經文說，塞特在東邊天空拿走了荷魯斯的眼睛。然後，諸神坐在托特的一隻翅膀上，飛過「蜿蜒水道」（參見第 134 頁）為荷魯斯說情，請塞特歸還他的眼睛。儘管塞特踩壞了荷魯斯的眼睛，還吃了它，但荷魯斯最終不知是用暴力或以請願的方式取回了眼睛。《棺槨文》說，歐西里斯為荷魯斯擠取塞特的睪丸。根據後來的資料，為了審理荷魯斯取走塞特睪丸一事，赫利奧波利斯的大殿又辦了一場庭審。

新王國時代的《歐西里斯大頌歌》說，伊西絲把荷魯斯帶到蓋伯寬闊的大廳中。九柱神為荷魯斯的到來歡騰不已，慶賀他成為歐西里斯的繼承人，遵照蓋伯的命令加冕荷魯斯為王。荷魯斯立刻主宰世界，塞特也被交給他處置，顯然是要被正法：「擾亂者受了傷，命運猝不及防地降到罪犯身上。」現在，世

國王佩皮一世（Pepi I）墓中的《金字塔文》。

界又恢復了秩序：「他的律法帶來了豐饒，道路開闊，人們通行無礙，兩岸是那麼興旺！邪惡逃之夭夭，罪惡消失殆盡，國家在其主人的治下，祥和安寧。」

在托勒密時代的《戰勝塞特之書》（*Book of the Victory over Seth*）裡，同樣是由蓋伯主持庭審決定誰該當埃及的王。法庭公布了塞特的罪行，而荷魯斯在托特的力挺下獲得有利的裁決。荷魯斯獲得繼承權，加冕為王，而塞特則被流放到亞洲人之地。這個神話的另一個版本，就刻在現藏於大英博物館的夏巴卡石碑（Shabaqo Stone）上。這個版本的情節略有不同，蓋伯當起裁判，分開了荷魯斯和塞特，禁止他們繼續打鬥。蓋伯宣布塞特為上埃及之王，而任命荷魯斯為下埃及之王，統治的

分界線就在歐西里斯溺死之地。後來蓋伯改變了主意，考量荷魯斯為歐西里斯之子，他決定把整個國家都交給荷魯斯。

荷魯斯獲勝的普魯塔克版本

普魯塔克曾描述歐西里斯之死，他也記載了荷魯斯的勝利。他寫道，歐西里斯自亡者國度返回，親自訓練小荷魯斯讓他足以與塞特戰鬥。歐西里斯問荷魯斯，他認為所有事物中最高貴的是什麼，荷魯斯答道：為父母報仇雪恨。雙方大戰之前，許多塞特的支持者紛紛向荷魯斯倒戈，讓他的兵力增強不少，甚至連塞特的小妾，河馬女神塔薇瑞特也拋棄了她那作惡多端的伴侶。

鑿刻於第 25 王朝時期的夏巴卡石碑。

荷魯斯之眼

無論是單眼或雙眼，荷魯斯之眼的失明及後續治癒，是埃及宗教經文中的一大主題，它象徵了失序之後的秩序重建。這就是為什麼國王要在神廟裡向諸神進獻荷魯斯之眼——瓦吉特，這種行為象徵國王在確保宇宙秩序和平衡的角色。

不同版本的神話中描述荷魯斯失明的方式也不一樣。塞特有時掏走了荷魯斯一隻眼睛，有時則說是雙眼，是毀了眼睛或把它埋起來也說法不一。有些情況，是荷魯斯自己恢復了視力，但多數情況是受到伊西絲、托特或哈托爾的幫助。

有些咒語，尤其是治癒眼睛的咒語，也會提及荷魯斯之眼：它們描述赫利奧波利斯的靈魂創造了荷魯斯之眼，或托特把荷魯斯之眼帶到該地。荷魯斯之眼經常在護身符上出現，這是因為它是保佑人們的來源之一：「它保護你，它為你打倒你所有敵人，你的敵人確實在你面前倒下了……荷魯斯之眼過來了，絲毫未受損壞，就如地平線上的拉一樣光芒閃亮；它蓋過了那想將它據為己有的塞特的力量……」

荷魯斯是天空之神，他的眼睛也有著天體的含義：荷魯斯的右眼是太陽神夜晚乘坐的船，左眼是太陽神白天乘坐的船；另一種說法是，他的右眼是太陽，左眼是月亮。事實上，荷魯斯之眼與月亮的關係更為密切：月亮逐漸變圓，象徵著荷魯斯之眼的緩慢康復；滿月則代表荷魯斯之眼重返未受損傷的完滿狀態。

　　儘管塞特兵力折損，但這場激烈的戰鬥仍持續數日，荷魯斯才終於取勝。塞特被俘，戴上鐐銬，被帶到年輕的國王面前。伊西絲不同意處死塞特，這激怒了荷魯斯。他在盛怒之下，摘掉了伊西絲的后冠；總是處變不驚的托特把一個形如牛頭的頭盔戴在伊西絲頭上。塞特指控荷魯斯是非法繼承王權，但托特為荷魯斯辯護，證明他當國王的合法性。

塞特奪回權力　▷

　　荷魯斯登上王位後，塞特占據了三角洲，做了許多褻瀆神靈的事情，試圖重新奪回權力。這段期間，塞特褻瀆神廟，趕走祭司，偷竊聖物和聖徽，破壞或毀掉神廟的財物，把聖樹砍掉或連根拔起，把神聖的動物和魚類捕來吃，出言褻瀆神明，擾亂節日，屠殺信徒，偷竊祭品。本來拉對此一無所知，直到伊

荷魯斯眾妻

伊西絲之子荷魯斯是埃及諸神中最不尋常的一位，因為他沒有明確的正宮妻子。荷魯斯在神話裡通常被描述成單身漢，有些法術則曾提到他有一些身分不明的妻子，例如有位名叫塔比徹特（Tabitjet）的眼鏡蛇女神（曾被蛇或蠍子咬傷過）。在較晚時期，貝迪特（埃德富神廟）的荷魯斯成為丹德拉的哈托爾之夫；這讓兩位神的信仰相連，人們在兩座神廟之間穿梭來回。埃德富神廟的傳統認為瑪阿特是荷魯斯的女兒。

西絲向天空呼喊，喊道塞特在拉神不知情下已經回來了，拉才察覺。最終，荷魯斯再度得勝，塞特被流放。

諸神統治的終結　▷

塞特被徹底打敗後，荷魯斯當了埃及王，統治了 300 年。曾支持塞特的一方都遭到荷魯斯的復仇，他摧毀了他們的諾姆和城市，這樣，「洗掉他們對塞特的忠誠度」。塞特的雕像被毀，他的名字從所有出現的地方被清除了。「蘇（Su）哭泣著，維奈斯（Wenes）陷入悲痛，」我們得知，「嗚咽聲響徹塞帕爾曼如（Sepermeru），南方綠洲（Southern Oases）和拜哈里耶綠洲（Baharija Oasis）都哀號不已，邪惡在它們之中游走。海塞布（Heseb）因其主人不在了而大哭，瓦朱（Wadju）空空如也，翁布斯（Ombos）被毀。城中宅邸被拆，住在其中的人不知去向，主人也不復存在。」

荷魯斯之後把王位傳給托特，托特統治埃及 7,726 年。托特把王位傳給了瑪阿特，瑪阿特再傳給半神的埃及國王，歷經 11 位一共統治 7,714 年。這些半神有著非凡尋常的名字，如「不會渴的某某」「岸邊的土塊」「貴婦的所有者」「貴婦的保護者」等等。接下來統治埃及的是 9 群國王的阿赫（akhu，編按：相關概念可參考第八章）組成，與希拉孔波利斯、布陀和赫利奧波利斯等特定地區有關。接著，荷魯斯的追隨者繼承大統，然後由人類的國王接著統治埃及。那些前王朝時期統治上下埃及的

無名國王被統整為奈亨（Nekhen）和帕（Pe）的靈魂（巴烏），被視為下埃及布陀城（帕）和上埃及奈亨城（希拉孔波利斯）的「巴烏」。帕的「巴烏」有鷹隼頭，而奈亨的「巴烏」則長著胡狼頭。這些都是強大的神，在國王生前死後都會提供幫助。

法老 ▷

接下來，我們就進入埃及史上的法老時代。每位國王活著時都是荷魯斯，他們坐在荷魯斯的王座上，繼承了蓋伯的遺產。每位國王也都是拉的兒子，是太陽神的代理者。法老主掌世界穩定的重責大任，就像埃及一開始拉在位的作為。國王可能是人類母親和神的混血兒，但直到國王被加冕時，他才進入神的行列。國王在重大的加冕儀式上，皇家的「卡」（王權的靈魂）進入凡人血肉之軀，將人類國王變成法老。透過加冕儀式，凡身肉胎得以重生，神聖的力量注入了肉體。

然而，這種力量受限於法老的血肉之軀，法老的肉身就像任何其他凡人一樣，會衰老虛弱。當國王死了，王權延續下去；每一代國王死後，王權的靈魂都會進入新國王的體內。因此，國王不完全是神，也不完全是人，他是獨有的存在，比真正的神來得低，卻居於人類之上。國王注定是神和人之間的仲介，為了人類福祉而取悅諸神，期望能獲得諸神的神聖恩賜。為此，國王要確保瑪阿特貫穿整個埃及，他要向諸神獻祭，他要

國王拉美西斯一世兩側是帕（左）和奈亨（右）的「巴鳥」。

開疆闢土捍守邊境，要殺死所有敵人。

　　儘管國王還是擁有凡人明顯的弱點和個性，但他卻宛如神話人物一樣地存在。對於子孫後代來說，他見識遠大、雄才偉略，永遠以年輕強壯的樣貌出現。他總是一馬當先擊敗敵手，保護軍隊免受一切危險。他戰無不勝、虔誠公正。這種理想化的、神話式的法老形象，以殺敵或敬神的方式出現在所有神廟牆上，而豐功偉業也刻在貴族墓壁和皇家石碑上。雖然從歷史的角度來看，埃及國王只是會犯錯的凡人，披著頂級意識形態的亞麻外衣，但神話的法老卻是永存不朽，以幾乎恆定不變的形象，在不可預知的世界裡，象徵著讓人心安的秩序。

PART TWO 活人的世界
（我們所處的世界）

5

神話下的
生活環境

　　諸神的世界和神話，並沒有隨著諸神把王權交給人類統治者而結束：眾神化身於自然力量之中，充當自然力量的監管者，如此一來，栩栩如生的神話便滲透到日常生活的各方面。神話沿著聚落和自然景觀，逐步發展起來（見下文第 145-151 頁）。這些神話常常圍繞著歐西里斯、荷魯斯或阿努比斯等「大神」，或以地方信仰所謂的「次神」展開敘述。埃及各地流傳著豐富的地方性神話，有當地神廟諸神信仰的歷史，也展現各個城鎮和諾姆的認同和特徵。

諸神的責任和局限 ▷

　　神和人一樣，也有所屬的角色和責任，他們在宇宙有只有他們可以從事的工作，當然也就有他們的局限。古埃及諸神並不是全知全能的，但他們能同時以不同的樣貌現身；因此他們讓他們的「巴烏」（即「靈魂」或「個性」）在地上現身時，同時又能留在天空或來世之域杜阿特。雖然神遠在他方，但人們

托勒密時代早期埃及人的世界觀。內圈是埃及，諾姆寫在第二圈。第三圈最上面是尼羅河之源所在的地洞。左側是東方，右側是西方，各有一位女神在日出和日落舉起太陽神的船。

可以透過神的「巴」或「巴烏」感受到神的力量。然而，無論神以什麼樣貌現身，有些地方甚至連神也去不了。總的來說，諸神不能進入努恩，他們的權威只在被造世界。甚至杜阿特的某些地方，太陽光照不到的區域，他們也不能發揮力量。此外，大多數埃及神僅在與他們所屬的城鎮、地域或轄區作用。一名埃及人離家鄉越遠，能從家鄉的神祇獲得的幫助就越少。所以，雖然神居在他處，無論是留在天空或杜阿特，但在塵世間，他或許僅在一地之內享有權力。因此，外出的人要向他所在地區的地方神祈求護佑；如果他不知道該拜哪位神，那麼他就乾脆向「奈徹爾」（netjer）祈求。我們把「奈徹爾」譯為「神」，但它指的是負責某一特定區域的力量。

在被造世界裡，每位神的宇宙角色都是獨一無二的，其他神無法行使。努特確保天空持續存在。舒的力量把天地分開。哈皮掌管尼羅河每年的氾濫。歐西里斯讓死亡復甦，掌管宇宙的

拉和歐西里斯彼此在對方體內「停留」，左右
兩側則是奈芙蒂絲（左）和伊西絲（右）。

再生。民神確保豐饒。因為每位神的角色都是獨一無二，如果
某神希望履行其他神的職司，這兩位神必須彼此「住在」對方
體內──埃及學家稱之為「融合」（syncretization），而古埃
及人則說這是諸神在彼此體內「停留」（resting）。諸神並非
全能，要完成特定任務，就需要另一位執掌這項任務的神為他
提供「力量」。所以，阿蒙神為了要行使豐饒，必須和民神這
位主掌豐饒的神，彼此暫時住在對方體內，變成「阿蒙─民」：
這是一位同時擁有兩神力量的新神。同樣，象徵著無形力量的
阿蒙神可以與有形力量的拉神合而為一，形成全能的「阿蒙─
拉」。阿蒙─拉是有形力量與無形力量結合起來的整體，是「眾
神之王」。午夜時分，瀕臨死亡的太陽神與歐西里斯合而為一，
這樣，太陽神就得到了歐西里斯的再生力量。然後兩神再次分
開，讓再生的太陽神能繼續旅程，進入黎明的天空。

神的真面目

活人並不知道神的真正模樣：藝術作品僅描繪出神的部分個性。例如，當人們強調哈托爾關懷的一面時，可能會把她畫成一頭母牛；如果想表現哈托爾憤怒和野性的特點，可能會把她畫成一隻母獅。沒有人會以為神的真實相貌是這種模樣。雖然人們不知道神的樣子，但在天崩地裂等劇烈的自然事件中，人們能感覺神的到來。《食人頌歌》（*The Cannibal Hymn*）寫道：「天空烏雲密布，星辰驚擾不安，『諸弓』戰慄不止，大地之骨連連顫抖。」某神現身之前，人們通常會聞到香味，看到耀眼的光芒，心裡感覺到神靈的存在。人們感受到的，是一種巨大、無形的力量，整體狀態是不可知、難以名狀的。這股力量可以透過神的棲身之所，通常在神廟或神龕之後，讓人們能以有形、可感知的方式與無形的神互動。

哈托爾女神。

被造世界 ▷

　　簡單來說，被造世界，也就是埃及人生活的世界，是拉神離開大地時的安排，分成天空和大地，以及叫做杜阿特的第三地（參見第 139 頁）。努恩就在被造世界之外，是圍繞大地四周無邊無際的停滯黑暗水域。在這個被造的泡泡中，諸神、國王、受庇佑的亡者、人類，都是這個共同體的一部分。

　　造物的每面都有一個神聖的解釋。例如，風是舒的化身，舒也是整個大氣層：「天際延伸至如此之遠，是為了我能大步跨行；大地鋪展得如此寬廣，是為了我的身軀能居於其上。」天穹是努特女神的力量，她的丈夫蓋伯則是大地。埃及神真正的樣子也許是在他方，但他們化為各種自然之道以有形現身，兩者並行不悖。透過人格化的方式，諸神無形的力量變得有形，使埃及人可與神交流。同時，時而仁慈時而有害的自然力量，被嵌入一個有序的系統之中，並且派了一位人知其名的主掌者；人們依情景而定，或讚美他，或詛咒他，也可以向他尋求幫助。倘若你的房子被風吹倒或被水淹了，你知道該怪誰。如果暴風雨來了，你知道該向誰祈求免於災難。

白天的天空和太陽 ▷

對古埃及人來說，他踩在正午炎炎烈日下的乾地，正午是拉神給予的生命力量，大地是蓋伯神的化身。他或許能感受到吹到臉上的微風，那是舒神的皮膚；或許能看到遠方飄著一朵奇怪的孤雲，那是舒神的骨頭。而且，只要他沒遇到埃及罕見的暴雨，那是舒神的流出物，他可能會停下片刻，欣賞面前廣闊無垠的美麗藍天。但他如何理解這些壯觀的景象呢？如何看待每天穿越天空的那顆黃色球體呢？還有他怎麼理解夜間和這顆黃色球體相似的月亮呢？

我們可以從表示「天空」的埃及象形文 ▭ （pet）獲得古人心態的初步想法。這個象形文字的上部是平坦的表面，而非圓頂，其兩側邊緣向下延伸碰到大地。天穹的支撐物畫成柱子或權杖，法老則負責維持其支撐狀態。然而，舒神是天空的主要支撐，自創世以來，他就一直撐著努特女神（天穹）。8 位海赫神在旁協助，兩兩成組撐著努特的四肢（顯然，由舒獨撐天空太累了，於是創造出這些神）。

確保天空待在合適的位置，是努特的神聖職責，全憑她的力量，上面的努恩之水不會傾瀉下來。努特的力量阻擋了努恩的惰性之水，讓這片水體永遠待在人類生活的世界之上，這就是藍色天空的原因。上頭洪水的不斷威脅，每天都提醒人們，隨處都有混亂。事實上，努特更像一個無形的力場，而不是一堵透明的牆。如果你能往上飛，飛抵天空的頂端，那麼你的手可以穿過這股力量，觸摸到上面的水，就像把手指往下伸進浩瀚的大海一樣。你並不是撞上一堵無形的屏障。因此，在天空航

行就像在水上一樣，需要配備船隻。太陽神是確保日輪每天繞行天空的力量，他從東方地平線行至西方地平線的方式就是駕著一艘日行船，名為「曼傑特」（mandjet）。

太陽是創世神最顯眼、最強大的化身；他的光芒帶來熱力和生長，使生命得以蓬勃發展，驅逐令人憎恨的黑暗。每天早上，太陽慢慢地爬上地平線，顯示宇宙一切安好。一首太陽頌歌寫道：「上好的黃金都比不上你的光彩，因為你，所有眼睛才能看到東西，當你的壯麗沒入地表，它們就失去了目標。在黎明

塞特從太陽神的太陽船船首，用魚叉刺進混沌之蛇阿波斐斯。

時分，你醒來升起的時候，你的光芒讓牧群睜開了眼睛。」正如創世神話所說，這個緩慢移動的火球是太陽神熊熊燃燒的眼睛，在時光的流逝中，這雙眼睛一直注視著他的世界，直到黑暗降臨大地。儘管太陽神通常被畫成日輪，或畫成船中一個鷹隼頭的男子，但太陽神也有其他化身。早上，他是凱布利，是隻甲蟲；用甲蟲表現太陽神，是因為甲蟲有在地面上推糞球的習性，就像太陽神推動日輪滾向天空一樣。正午，太陽神的力量最強，他變成了拉；此時，太陽看起來像停在天空最高處一樣；埃及語就用 ahau（意思是「停頓」）來稱正午。伊西絲和塞特護衛拉神，與混沌之蛇阿波斐斯展開搏鬥，並獲得最後的勝利，如此一來，太陽船才得以繼續航行。傍晚，太陽神變成了阿圖這位最古老的神，象徵一天結束之際年事已高的太陽神。當太陽神變成阿圖後，只能靠胡狼把他的船拖到西方山區地平線。

夜晚的天空 ▷

　　每天結束時，努特女神吞下太陽神，大地陷入黑暗。在太陽停留的最後時刻，他的光芒慢慢消失，太陽球逐漸沉入地平線之下。這時天空變紅了，預示著危險時刻要來了，接下來天空就變黑了。現在，星星閃閃發光，銀河閃耀，月亮和行星在黑暗中繪出航圖。一個嶄新的世界變得清晰可見。

　　正如大地有水域和陸地一樣，夜間的天空也有相似的地形。

阿天（Aten）

阿天是有形、可見的日輪，散發著光和熱。從中王國時代以來，阿天就為人所知，但直到第 18 王朝時代，才變成重要的神。第 18 王朝的阿赫那天（Akhenaten）統治時期，對阿天的信仰達到高峰；在很短的時間內，就成為埃及唯一的國神。阿赫那天的意思就是「阿天的執行者」，對他來說，阿天是至高無上的神明，與傳統上受時空限制的神不同。而且，只有阿赫那天能通阿天，祭司和埃及大眾都要透過國王才能接近阿天。人們對這種異端的容忍時間，並不比阿赫那天統治的時間長多少。阿赫那天死後，由兒子圖坦卡門繼位，在他在位期間，傳統宗教就回歸了。

以日輪型態現身的阿天，將陽光照在阿赫那天及其家人身上。每束光的末端都有一隻手。

埃及人把太陽、月亮和行星穿過天空的行經路線，想像成一條「蜿蜒水道」，比作一條河流。這條狹長的帶子就是今天我們所熟知的「黃道帶」。天體常年在這個帶間運行，東西是為「河岸」。蜿蜒水道把夜空分成兩部分，以北的區域叫做「祭品地」，以南的區域叫「蘆葦地」。北邊有「永不消失的星星」，而南邊則有「不知疲倦的星星」——這些星星永遠不會沉入地平線以下，所以總能看見。有人認為星星是努特女神身上的裝飾品，銀河就是努特的樣子；她的頭部是雙子星座附近的星星，兩條腿則在天鵝座分開。有人則把星星視為伊海特牛「曼

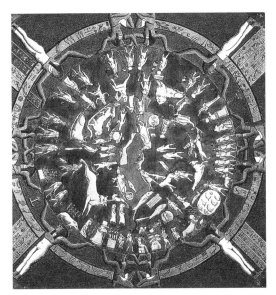

托勒密時代後期的丹德拉黃道圖，描繪了黃道12宮和36旬星。
這幅圖的內容深受希臘及兩河流域思想的影響。

海特—威瑞特」身體上的圖案，而「蜿蜒水道」就是她的身體。新王國時代有本聖典叫做《努特書》（*Book of Nut*），內有一幅女神像。這本書說，就像白天的太陽一樣，星星夜間穿過天空，最後被努特在西方吞下。據說努特吞下星星的暴行，激怒星星的父親蓋伯。幸運的是，在蓋伯發火之前，舒神向蓋伯保證：「別因她吃了你的後代就與她吵架，他們會活著，每天會從她東方的下身出來，就像她生育（拉）一樣。」

埃及人把夜空分成 36 個旬星（decans），或 36 組星星，墓室、神廟的天花板上畫著這些星星。每一旬星在黎明前從地

國王塞提一世墓中所畫的星座。

平線升起，每組每年持續 10 天。某些星座與特定的神有關。薩赫（Sah）神是獵戶座，他是索普丹特女神（天狼星）的丈夫；天狼星消失大約 70 天後，東方黎明前的地平線上會升起獵戶座，宣告一年一度的尼羅河氾濫，以及農曆新年的到來；這起事件叫做「索普丹特的到來」（埃及象形文字是 peret sepdet）。索普丹特與河水氾濫有關，因而也和地力的恢復有關，或許這就是人們把索普丹特當作歐西里斯之女的原因。埃及人把大熊座叫做 Mesketiu，看作一頭牛的後腿，這個星座與哈托爾女神有關。還有些星座是「猿」「停泊樁」「巨人」和「母河馬」，現在還無法從天空辨識這些星座。

埃及人已經知道五大行星，叫做「不知休息的星星」，每顆星都與一位駕著天船航行的神有關。水星是塞貝古（Sebegu），他與塞特有關；金星是「穿過者」或「早晨之神」；火星是「地平線的荷魯斯」或「紅荷魯斯」；木星是「劃定兩土界限的荷魯斯」；土星是「荷魯斯，天空的公牛」。

月亮 ▷

太陽一落下，月亮就接管太陽的職能，是太陽在夜間的代理者，行使太陽神的職司，通常屬於托特神。月亮像太陽一樣，乘船穿越天空，把微弱的光線灑在大地。這該怎麼解釋呢？為什麼月亮會改變圓缺形狀？有關月亮神話最流行的說法是，月亮是荷魯斯受傷的左眼，他明亮的右眼則是太陽。一般的說法

認為是塞特傷了荷魯斯左眼，還把它撕成 6 塊；通常醫治荷魯斯左眼的是托特，他用手指醫好了荷魯斯左眼，還有種說法是托特把唾沫吐在荷魯斯的眼睛上。每個朔望月，月亮慢慢從虧轉盈，荷魯斯左眼就復原一次。由於這個原因，月亮也叫做「重複其形狀者」「返老還童者」。月亮還與歐西里斯有關，因為埃及人把拼湊歐西里斯的碎屍與夜間月亮變圓互相連結，這個神話版本說歐西里斯被切成 14 塊。這被視為一種再生之舉：拉美西斯四世（Ramesses IV）統治時代有塊石碑銘文是向歐西里斯致敬，寫道：「你是天空中的月亮，你按照自己的願望恢復活力，當你希望變老時，就能變老。」在喪葬場景裡，阿努比斯就像俯身於亡者身上一樣，俯身在月輪上，保持著正在製作木乃伊的姿勢。此外，因為月亮與歐西里斯有關，所以月圓期間被認為是播種農作物最好的時候。新月形如公牛角，而公

阿努比斯俯身於月輪之上，和他為歐西里斯製作木乃伊時的姿勢一樣。

牛與豐饒和力量有關。

　　許多神都與月亮有關；除了托特之外，主要還有孔蘇和雅赫。雅赫的重要性後來被孔蘇合併了。孔蘇是阿蒙和穆特的兒子，他們一家三口就是眾所皆知的「底比斯三聯神」。埃及史上大多時期，把孔蘇畫成一個梳著側邊辮子的孩子，頭上有一彎新月和一輪滿月。在《金字塔文》成書的古王國時代，把孔蘇描述成惡神，他會抓住其他神，供國王吸取力量，吃下神的身體。孔蘇身為宇宙神，被畫成一位鷹隼頭的男子。有時候，月神被描繪為一輪滿月的中心，有時候則是瓦吉特眼（復原的荷魯斯之眼）。在月亮由虧轉盈的 15 天之中，每天都由不同的神管轄，完成「填充」月亮的任務；第一天負責的是托特。接著這些神一位位離開月亮「眼睛」，月亮進入由盈轉虧的 15 天。

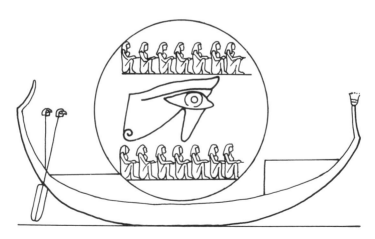

管轄月亮盈虧的 14 位神，負責第一天的托特不在這裡面。

杜阿特 ▷

　　埃及人對太陽的夜間行程有很大的興趣。它去哪了？會再次升起嗎？雖然不同神話對太陽在夜晚英勇戰鬥的具體細節都不一樣，但最重要的主題是一致的：太陽落入西方地平線後，去被造世界的另一區旅行了；這個區域就是杜阿特。這是個危險的地方，充滿惡魔和亡者；有的會幫助太陽前往早晨重生之途，有的則會阻擋太陽前行。

　　人們總是說不清楚杜阿特的確切位置，只說它既不是天空，也不是陸地。一種常見的風俗習慣是說，太陽要在努特體內度過整晚，就待在努特的子宮裡，準備早上再次出生，重新煥發活力。這種說法和其他資料都指出，杜阿特位於天上，是以某種方式存在努特體「內」，或在某條無形的隧道之內。還有些例子則指出，顯然埃及人認為杜阿特在地底之下。

　　在一則神話中，諸神向地下大喊，引起歐西里斯的注意；而在地下生活的蛇，被認為與杜阿特有特殊關係。人們在獻祭儀式中，將水、葡萄酒和血等液體倒進地面，才能抵達亡者和神所在的杜阿特。不論杜阿特位於何處，它一定是被造世界的一部分；因此，把杜阿特譯為「冥界」（Otherworld）、「陰間」（Netherworld）或「地獄」（Underworld）並不恰當，這些譯法會讓我們誤以為杜阿特和我們周圍的世界切開了。事實上，「遙遠的世界」（Farworld）可能是最恰當的翻譯。杜阿特就像一塊遙遠的土地一樣，存在於被造世界之中，但能進入杜阿特的只有神和亡者。

太陽的夜間之旅 ▷

第七章會詳述亡者進入杜阿特後，如何花時間面對自己的問題。我們在這裡，先知道已故的國王每晚都要與太陽神一起進入杜阿特，參與太陽神的重生。這種重生並非萬無一失，因為每晚太陽神和徒眾都要對抗失序的黨羽，與混沌之蛇阿波斐斯來場大戰。這些事情發生一整晚，共有 12 個小時；每個小時之間都有大門阻隔通道，每道大門都有不同守衛，通常是以蛇的可怕模樣出現。

所以，每一天，虛弱、蒼老而疲倦的太陽神沉入西方地平線之下，前往一道叫做「吞噬一切」的大門口──這是杜阿特的入口。他在那裡會遇到欣喜若狂的徒眾，並受到狒狒的歡迎。然後，太陽神及隨從乘著自己的船，沿著一條叫做「維爾奈斯」（Wernes）的水域航行。維爾奈斯是豐饒之地，這裡的人們髮上戴著玉米皮。凡是接近太陽艦隊的人，太陽神都會賜給他們土地和糧食。

諸神繼續航行，經過「歐西里斯的水域」，進入夜晚的第 4 個小時，此時，杜阿特的景觀變了；太陽艦隊離開豐饒之地和水域，現在來到了羅斯陶（Rostau）的乾燥沙洞，這裡是「索卡爾（Sokar）之地，他就在自己的沙子上」。穿過這片燒焦土地的通道彎彎曲曲，大火和大門將其截斷。穿過這些沙地的蛇有翅膀和腳，太陽船也只好變成一條蛇方便前行；儘管已經變形了，拉的徒眾仍要拖著太陽船行經。到了夜晚的第 5 個小時，太陽船進入了亡者之域了。伊西絲和奈芙蒂絲在那兒守護著歐西里斯的墳，火湖燒死破壞秩序的敵人，並淨化過著公義

生活的人們。努恩之水流經這片土地，載著沒有被好好埋葬的溺水者。在夜晚的第 6 個小時，太陽船進入一口井，裡面滿是努恩之水。太陽神的遺體以甲蟲模樣出現，躺在水中，在這裡與歐西里斯合而為一。此時是當晚的關鍵時刻；歐西里斯的再生力量，現在會讓虛弱的太陽神充滿活力，為太陽神提供繼續前往東方地平線所需的力量。埃及的諸王列隊守候，托特治癒了太陽之眼。

　　夜晚的第 7 個小時，拉在曼亨蛇（Mehen-snake）的護佑下打敗了敵人。塞特和伊西絲攻擊混沌之蛇阿波斐斯，而其他神

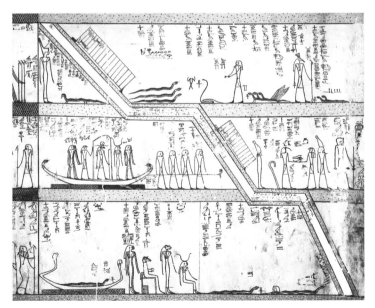

在《阿姆杜阿特》（*Amduat*）之中的第 4 個小時：一條曲折的通道穿過羅斯陶沙漠。

在蠍子女神塞爾凱特的幫助下，用繩子套住阿波斐斯。太陽神的徒眾鎮壓了失序的黨羽，並懲罰敵人。一個蛇頭怪物捆住歐西里斯的敵人，割掉他們的腦袋。到了第 8 個小時，獲勝的太陽神為滿懷感激的亡者送來衣著。太陽神也在第 9 個小時為亡者提供衣物，而其他神則是拿食物招待亡者。同時，歐西里斯的敵人在第 9 個小時也會被法庭審判嚴懲。

索卡爾

索卡爾原來掌管孟斐斯的墓區，隨著時間推移，他逐漸與喪葬相連，和杜阿特有關。在夜間的第 4、第 5 個小時裡，索卡爾掌管著他的沙漠領地，就像《阿姆杜阿特》中敘述的一樣。索卡爾可以畫成一個鷹頭男子，戴著上埃及的白冠或歐西里斯的阿太夫冠。偶爾，他被畫成長有人臉、戴著垂飾假髮的樣子。無論是站或坐，他通常身披斗篷，手持權杖和鞭子。索卡爾也被畫成一隻頭戴上下埃及雙冠的鷹，他與海努船（henu-barque）關係密切；海努船是一艘裝飾精美的儀式船，索卡爾鷹就棲息於上。

《金字塔文》說，索卡爾是「皇家骨」的創造者，他在荷魯斯的協助下，在來世接納死去的國王，並用他的海努船把他們送上天。在非王室亡者的復活中，索卡爾也扮演了重要的角色。此外，索卡爾最初是工匠的保護者，特別保護著金工。

索卡爾常以融合的神「普塔—索卡爾—歐西里斯」的身分出現，這位融合的新神象徵著創造、變形和重生，統合了三位神的主要力量和職司。

索卡爾的家庭成員並不固定，有的說他的妻子名叫索卡瑞特（Sokaret），還有一個名叫拉斯維加（Reswedja）的兒子，但有時候奈芙蒂絲和塞莎特也被說是他的配偶。索卡爾所屬的神群也不固定：他在孟斐斯與克努姆（Khnum）、海爾拉曼薇菲（Herremenwyfy）和塞日姆（Shesmu）為一組神，但當他以太陽神的樣子出現時，則與奈夫圖、5個「拉神的神聖女兒」有關。

「普塔—索卡爾—歐西里斯」神的小雕像。

《阿姆杜阿特》第 5 個小時的索卡爾洞穴。

　　頭頂大蛇的女神們照亮了道路，太陽船在第 10 個小時抵達了「深水和高岸（之地）」。這裡有個長方形水池，住著被荷魯斯救起來的溺水者，讓他們在這裡享有更好的來世。第 11 個小時，諸神為太陽神在東方地平線的重生做準備，拉的敵人已被剷除，有些敵人則深陷火坑不得脫身。伊西絲和奈芙蒂絲以蛇的樣子現身，把王冠帶來賽斯城，一條名叫「世界的環繞者」的蛇恢復了太陽的活力。現在，諸神進入了這條環繞世界的蛇體內，顯示夜晚第 12 個小時（也就是最後 1 小時）來臨了。年老的神拖著太陽船穿過蛇的身體，然後如新生兒般從蛇的嘴裡出來。黎明來臨，太陽恢復了活力及青春，以聖甲蟲凱布利的樣子現身飛向天空。舒神將太陽神舉起，適時關閉太陽神背後的杜阿特大門。太陽在「雙獅」盧提（Ruty）升起，新的一天開始了。

　　上述過程是從《阿姆杜阿特》這份詳述來世的文獻摘錄下來的，就刻在新王國時代的皇家墓牆上，阿姆杜阿特的意思是「杜阿特之中有什麼之書」。然而，隨著時間的推移，皇家墓

室又出現了其他來世之「書」，它們以稍為不同的方式描述太陽神在杜阿特遇到的磨難和試煉。例如，《大門之書》強調太陽船通向黎明的旅途必須通過的關口，太陽神以公羊頭的巴現身，由盤曲的曼亨蛇保護環繞著，胡神和西阿神則護佑於太陽船兩側。《大門之書》在第 5 和第 6 個小時之間，有一場歐西里斯審判廳的場景；一頭象徵失序的豬被嚇跑了，看不到的敵人則躺在神的腳下。第 6 個小時，副手帶來了太陽神的遺體，但這具屍骸是看不見的；搬運遺體的副手因為接觸到太陽神，他們的手臂也消失於無形。第 7 個小時，拉的敵人被綁在胡狼頭的「蓋伯之柱」上，受盡惡魔折磨。《大門之書》最後的場景，太陽從努恩重生，而不是被舒神舉起。較晚期的來世書和早期作品有些不同，《洞穴之書》（*Book of Caverns*）強調對被咒者的折磨，《大地之書》（*Book of the Earth*）則強調保衛東西地平線的神阿凱爾（Aker）和蓋伯、塔坦能在太陽復活的角色。

土地 ▷

　　古埃及人認為他們的國家是圓盤世界中央一長條平坦的農耕地；黑色土壤讓埃及以「凱邁特」（Kemet）為名，意思就是「黑土地」。「土地」的埃及象形文字反映了這點：一塊長條的平坦土地，下方有三個表示土塊的圓圈。埃及的農業富庶，使得歐西里斯在埃及人的日常生活中扮演著重要的神話角

《金字塔文》

皇家來世信仰在古埃及史上演化了 3,000 多年；已知最早描述國王死後命運的文字，刻寫第 5 王朝烏那斯（Unas）位於塞加拉（Saqqara）的金字塔牆上。現在稱為《金字塔文》的這些銘文，隨後又被刻在古王國時代國王及某些王后的金字塔。銘文幫助國王升天，與諸神會面，如此一來，國王就會永遠陪在太陽神身邊，變成一顆永不消失的星星。

國王抵達天上的方式有很多種：他可以利用斜坡、變成蚱蜢，或依靠舒神之助。國王為了確保旅途順利，需要知道來世之域的地理狀況，知曉他可能面臨的危險。國王與門衛和船夫說話時，必須知道他們正確的名字，懂得前行的正確知識。《金字塔文》多次提及國王的糧食、行動，以及擊退敵人和某些力量，包括蛇、蠍子等。《金字塔文》裡的一些地名常見於後來的來世之「書」，包括蘆葦地和祭品地、胡狼湖和蜻蜓水道。死去的法老升空後，加入太陽神的隨員之中，乘坐著自己的船，一起遨遊天空。

色；歐西里斯是再生之道的顯化，負責每年農作物的生長。然而，整體土地則是蓋伯的化身。孟斐斯的神塔坦能本來象徵著創世的第一座土丘，有時職司也擴展成象徵洪水退卻後露出來的肥沃土地，甚至是埃及本身。

埃及人把他們的國家分成三角洲和尼羅河谷兩部分，分別為下埃及和上埃及；每部分細分為塞帕烏特（sepauwt），類似現在的行政區或省分；它的希臘名「諾姆」，更為人所知。諾

姆的數量隨時間有所變化：到了埃及歷史後期，共有 42 個諾姆，20 個在下埃及，22 個在上埃及。每個諾姆可用各自的徽章來辨認，頭頂諾姆徽章的女神則是諾姆的化身。

　　每個諾姆重要的神廟裡供奉的神，是獨一無二的神，或是像荷魯斯這種主要國神的地方形式。例如，上埃及第 15 諾姆，供奉托特為主神，信仰中心是赫爾摩波利斯；第 17 諾姆供奉阿努比斯為主神，第 18 諾姆的主神則是奈姆提。隨著時間推移，圍繞這些神、諾姆和神廟的神話發展起來了：《朱密亞克莎草紙書》（*Papyrus Jumilhac*）記載上埃及第 17 和第 18 諾姆的特有神話；埃爾阿里什（El-Arish）有座神殿詳載下埃及第

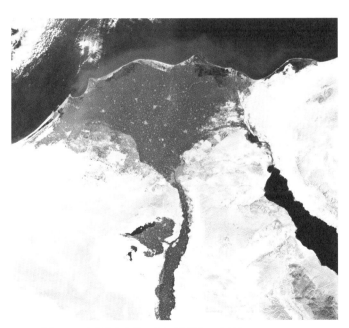

綠色的農耕地和惡劣的黃色沙漠形成強烈的對比，引人注目。

埃及的希臘諸神

希臘人看到可以用來對應希臘神的埃及諸神。這些對應包括：

宙斯（Zeus）＝阿蒙

赫費斯托斯（Hephaistos）＝托特

戴歐尼索斯（Dionysos）＝歐西里斯

黛美特（Demeter）＝伊西絲

堤豐（Typhon）＝塞特

阿波羅（Apollo）＝荷魯斯

荷米斯（Hermes）＝托特

阿芙羅黛蒂（Aphrodite）＝哈托爾

反過來說，這種關聯使得一些埃及信仰中心有了希臘名字；這些信仰中心不再以埃及神為名，而逐漸採用了希臘神的名字：今日的埃爾艾什穆奈因（el-Ashmuneih）是托特的信仰中心，古代叫做赫蒙（Khmun），意思是「八城鎮」，名字來自於宇宙創世前的八元神；希臘人稱為赫爾摩波利斯，意思是「荷米斯之城」。現在靠近法尤姆綠洲的艾特菲赫（Atfih）是哈托爾的信仰中心之一，古代叫做「潘爾—奈阪特—坦普—伊胡」（Per Nebet Tep-ihu），意思是「女主『母牛之首』的房子」；它的希臘名是阿芙羅黛蒂波利斯（Aphroditopolis），意思是「阿芙羅黛蒂之城」。

20 諾姆的神話；《布魯克林莎草紙書》（*Papyrus Brooklyn*）第47.218.84 號收集了三角洲各個諾姆的一些神話，其中一些神話在其他資料中並沒有出現。有時候，這些神話是盛行故事因應當地環境的改編版本；例如，很多神廟都宣稱自己是創世的最初地點──也就是最早從努恩升起的那塊土地。他們以這則神話為本，以地方神改寫埃及的創世故事。

神話也解釋了節日的由來。萊托波里斯（Letopolis）是三角洲其中一個諾姆，當地地方版的「聖棍」節是用來紀念荷魯斯和塞特率領部眾於此大戰；在相關的神話中，荷魯斯與化身為鳥的敵人作戰，把他們抓在網裡，但歐西里斯也被網子困住了，荷魯斯在無意之中打死了歐西里斯。聖化的棍棒可能就是節日裡用來擊打荷魯斯落網的敵人──可能以鳥隻來象徵。

這些神話及諾姆的關聯，並非一成不變；例如，在新王國時期，上埃及第 7 諾姆的巴特（Bat）女神，已融入上埃及第 6 諾姆的哈托爾信仰了。有時地方神話傳說也會跨越諾姆的邊界：「歐西里斯書」記載在歐西里斯節慶期間舉辦的儀式及時間，就是源自上埃及第 9 諾姆，後來傳遍全國城鎮。

儘管所有諾姆都有自己的神，每座神廟通常以「核心神話」為本，發展出各自的神話，但有些地方的確擁有更重要的神話性地位。根據《金字塔文》的記載，上埃及伊斯納附近的蓋赫斯提（Gehesty）──可能是考米爾（Komir）的所在地──正是塞特謀殺歐西里斯的地方。《朱密亞克莎草紙書》也提到這個地方：伊西絲在此透過各種化身來保護歐西里斯的遺體免受塞特的傷害；包括獅子女神塞赫麥特，尾巴是七首的狗，一

條與哈托爾有關的大蛇；化身為大蛇的伊西絲前往這個諾姆北部的一座山，監視塞特的徒眾。當他們下山時，伊西絲發動攻擊，用蛇毒毒殺了他們。敵人之血落在山上，變成了杜松子。

上埃及第 18 諾姆流傳的奈姆提神話

奈姆提是眾神的船夫，他是上埃及第 18 諾姆的主神，常被描繪成一隻鷹；他是倒楣鬼，文獻記載對他的處罰越來越不客氣。我們已經在《荷魯斯和塞特之爭》看到伊西絲如何用金子打點他，讓他把伊西絲渡到塞特和其他神撤退的島上。因為這件事，諸神砍掉了奈姆提的腳趾頭；於是他宣布在他的城鎮中，黃金是「可憎的東西」。在另外一則神話中，塞特同樣也是給奈姆提黃金作為渡資，讓奈姆提的船載他去瓦貝特，攻擊歐西里斯的遺體。這次，奈姆提被割掉的是舌頭。《朱密亞克莎草紙書》彙整出自奈姆提的諾姆有關的神話；書上說奈姆提在阿芙羅黛蒂波利斯砍掉了母牛女神的頭顱，雖然後來托特用法力接回，但奈姆提因此被剝了皮。他的皮膚和血肉是來自於母親的乳汁，所以被剝了下來；而來自父親精液的骨頭則保住了。然後，諸神帶著奈姆提的肉身去巡遊。奈姆提身上綁著繃帶，替代失去的皮膚；幸運的是，不久之後，母牛女神海莎特用她的乳汁恢復了奈姆提的血肉，有些文獻記載提供他乳汁的是阿努比斯的母親。這些神話試圖解釋為什麼奈姆提的雕像總是用銀打造而成，而不是其他神像更常用的黃金；銀是用來做諸神骨頭，而黃金則用來做諸神的血肉。

同一份莎草紙書還記載了另一個版本，奈芙蒂絲陪在伊西絲的身邊，伊西絲化身為眼鏡蛇，咬傷敵人，並向他們投擲長矛。據說，蓋赫斯提也是諸神的埋葬地，舒、歐西里斯、荷魯斯和蓋赫斯提的哈托爾都埋於此地。但到了埃及歷史的後期，許多神廟都宣稱當地才是諸神墓葬的所在地。

尼羅河 ▷

　　尼羅河穿過東撒哈拉沙漠，由南向北一路流入地中海，帶來兩岸生命的蓬勃生長。對埃及大部分地區來說，尼羅河是條河，但尼羅河在現在的開羅（古代的孟斐斯）附近，分化出一些支流，形成三角洲地區巨大的沼澤地；今天，那裡只剩兩條支流，但古代曾有五條支流於此蜿蜒。尼羅河造就了河谷和三角洲之間的巨大差異，這助長了埃及人對二元論的痴迷。整個國家叫做「兩土」，每塊土地都有自己的王冠：上埃及是白冠，下埃及是紅冠；還有自己的女神：上埃及是奈赫伯特，下埃及是瓦吉特。奈赫伯特（Nekhbet）的意思是「奈赫伯的她」（She of Nekheb），奈赫伯就是現在埃爾卡伯（el-Kab）的所在地，她通常被畫成一隻禿鷲，頭戴白冠；而瓦吉特則被畫成一條戴著紅冠的蛇。

　　一年中最重要的事情就是尼羅河的氾濫，氾濫期約有 3 個月（今日西洋曆法的 7、8、9 月），此時，河水決堤，把豐富的沖積物帶來地上，河水退去後是作物生長的絕佳沃土。這個

圖坦卡門冠冕上的兩種標誌：象徵奈赫伯特的禿鷲，及象徵瓦吉特的眼鏡蛇。

奇特的自然事件一直引起埃及人（以及其他外國人）的興趣，他們試圖對此作出解釋。漸漸地，每年的氾濫成為循環再生的象徵，形塑了埃及的民族精神，推動神話的發展，強化埃及人的信仰，認為他們受諸神庇佑。天狼星消失後約 70 天，是河水即將升高的徵兆。另一個徵兆則和薩提特（Satet）女神在埃勒凡泰尼神殿下的洞穴有關，從洞穴傳來的聲響預示了河水即將氾濫。埃勒凡泰尼位於傳統埃及南部的邊界，埃及人認為這裡就是尼羅河的源頭。諸神就在這個洞穴和努恩周旋，據說拉曾來此拜訪努恩。對埃及人來說，所有流入世界的水都來自努恩，尼羅河也不例外：「來自高處的尼羅河」湧現出來，這是「新鮮的努恩」。努恩的惰性之水環繞著世界，無邊無際，難以接近，但不時會闖入世界，摧毀萬物；事實上，任何時候挖開一個洞，冒出地下水，努恩就闖進來了。

儘管，尼羅河本身並未被人格化成神，但氾濫和「哈皮的到來」有關。透過哈皮的行動，土地才得以重新肥沃。人們通常

描繪哈皮是藍皮膚、大肚腩，穿著裹腰布，留著長髮的頭上有一叢紙莎草；他下垂的乳房是豐饒的象徵標誌。哈皮常常端著一盤滿滿的供品。人們認為哈皮跟努恩一樣，都住在埃勒凡泰尼的洞裡，然而，「沒人知道他的居處，書上找不到他洞穴的記載」。

埃及百姓沒有建造供奉哈皮的神廟，而是用頌歌和音樂來讚美他。他是這樣的神：「用洪水澆灌了拉創造的田地，滋養了所有口渴的萬物……當他洪水大發時，大地歡喜，每個肚子都雀躍不已，每個下巴都放聲歡笑，所有牙齒都露出來了。」人們清楚因為哈皮的工作，才會有食物；因為哈皮的洪水，亞麻和紙莎草得以生長，人們才能造書、做衣服。因為哈皮讓農作物生長，所有牲畜興旺。的確，哈皮現身所帶來的東西比任何財富都珍貴：「沒有人用黃金拍打他的手，沒有人會喝下銀子大醉，沒有人吃得下青金石。」另一方面，如果哈皮現身時鬱鬱寡歡，那麼混亂將至；大家受窮，百姓餓死，暴力滋生。

尼羅河的氾濫也被視為伊西絲的眼淚，或從歐西里斯遺體流下的液體，這些液體把歐西里斯的再生力量注入無生機的土壤，使其重獲肥力和活力。當洪水退卻後，或當埃及人把水獻給歐西里斯時，水進入歐西里斯乾燥的死屍，讓歐西里斯得以復活，就像「卡」回到死後的屍體，復活了亡者一般。

賦予生命的河流同時也是危險的；河水深處的鱷魚和河馬會用下顎咬住人們，把他們拖向水裡讓人們溺死。因而，發展出一些神話，和這些住在河岸邊、河水裡的危險動物有關，他們被尊為神，例如索貝克。

索貝克

索貝克常被畫成一個鱷魚頭的男子，戴著有角的日輪和羽毛；《金字塔文》記載他是奈特女神之子。

供奉索貝克的神廟，建在尼羅河沿岸的危險之地，特別是鱷魚攻擊人們的地方，例如上埃及的考姆翁布（Kom Ombo）和法尤姆（Faiyum）。索貝克這位神與河岸、沼澤地有關；某些資料說尼羅河是他的汗水。此外，荷魯斯的手被伊西絲砍斷掉入尼羅河，是索貝克從河中撈出；而且，因為不斷滑開，所以他發明了網將手撈住。索貝克是第一位發明漁網的神。索貝克對住在河中並不滿足，也有其他的住所；他被稱為「巴胡（Bakhu）之主」，巴胡就是神話中的地平線之山，索貝克住在那裡一座用紅玉髓蓋的神廟。

鱷魚頭神索貝克與埃及國王阿蒙霍特普三世
（Amenhotep III）。

尼羅河流域之外的地方 ▷

埃及人把尼羅河三角洲及尼羅河谷黑色沃土之外的任何地方，都視為沙漠之地，都是失序和危險的地方，他們叫做「丹塞拉特」（desheret），意思是「紅土地」。對古埃及人來說，賜予生命的綠色草木與危險的蠻荒之地，兩者之間有強烈的反差，引人注目；今日人們眼中同樣如此。尼羅河流域以西的西方沙漠是黃色沙丘與綠洲，以東的東方沙漠則有群山與丘陵。至於遠處的地方，與埃及的地貌大不相同，丘陵上住著的是異邦人。事實上，埃及東、西有沙漠阻隔，北臨地中海，南邊則是尼羅河瀑布的險地——現在的納賽爾湖（Lake Nasser）已淹沒尼羅河瀑布了；這種自然疆界孕育出埃及堅不可摧、與世界其他地區分離的觀念。任何從危險沙漠來的入侵者，乃至和平的商賈，都強化了埃及人對「他者」與「自我」的認知。這些身分不明的外來者不期而至，就像沙暴、蛇和蠍子這些來自危險沙漠的產物及沙漠既有的危險一樣，威脅著埃及珍貴又舒適的樂園。因此，埃及法老重擊刻板印象的外國人，成為皇權統治及埃及霸權，讓世界回到固有的有序狀態的象徵。

埃及人從遙遠的沙漠地區得到了許多自然資源。西奈可開採松綠石，東方沙漠有黃金與礦物。埃及人選擇材料時會被顏色的象徵意義影響：綠色與生命、繁榮和健康相關；黑色與杜阿特、富饒和復活有關。蛇紋石的紋路看起來像蛇，所以埃及人用來製作防蛇咬傷、蛇毒的護身符和雕像。紅色的石頭象徵人的血肉；黃金是諸神的肉體，且與太陽有關。

埃及藝術以刻板印象的手法描繪人像，對敵人也是如此，從左
到右依序為利比亞人、努比亞人、亞洲人、「北方人」及穿著
利比亞服裝的西臺人。

　　某些物質有神聖、神話式的起源。一則神話記載：

荷魯斯哭了，眼睛裡流出的淚水落在地上，乾了後，長出沒藥樹。蓋
伯覺得不舒服，鼻子裡流出血落在地上，乾了後，變成杉樹，杉樹的
樹液含有樹脂。舒和泰富努特大哭，他們眼中流出的淚水落在地上，
乾了後，長出了香料。

—————————————————《索爾特莎草紙書 825》（*Papyrus Salt 825*）

　　上埃及第 18 諾姆有種紅色礦石，據說是阿努比斯在山上殺
掉的塞特徒眾，他們的人頭落地，鮮血遍流，染紅了石頭。布
巴斯提斯（Bubastis）有則神話則提到，芭絲特女神的血流下
來，變成綠松石。

　　據說，沙漠之地被「獻給塞特」，但其他神也和沙漠有關。
常常以男子或鷹形現身的阿什（Ash），就是西方沙漠之神，

西奈是盛產綠松石之地，地景是沙漠峭壁。

掌管各種綠洲和利比亞。阿什也能安撫在杜阿特從中阻擾亡者的怒神。另一位沙漠之神是哈（Ha），可以從他頭上頂著三座土丘認出他──埃及象形文字用三座土丘來代表異域。哈手握刀劍或帶著弓，保護西方沙漠和綠洲的百姓免遭劫難，特別是來自遊牧部落和利比亞人的威脅。因為日落西方，所以西方沙漠與死亡關係密切。

　　民神與哈托爾這兩位神守護著沙漠裡的通道。民神與東方沙漠有關，但他主要的神職是性方面的生殖力；他勃起的陰莖和埃及肥沃黑土色的黑皮膚，都凸顯豐產的屬性；他常常單手高舉，這是一種威脅性的姿勢，表現民神的護佑力量。據信他能把雨雲送到沙漠之中。索普都（Sopdu）是東方之主，也與埃及東部國境有關，駐紮要塞和礦區前哨的士兵都受他庇護。當索普都以男身被描繪時，可以從長髮尖鬚這種貝都因（Bedouin）武士的特徵認出他來。他常常握著長矛或斧頭，戴著飾以長羽毛的王冠。索普都也以鷹隼蹲踞的樣子出現，

這時他的肩膀上有個連枷。帕凱特（Pakhet）是位好鬥的女神，她名字的意思是「撓亂者」或「撕裂者」，她管理乾河床（wadis）的入口。礦山也與某些神有關。西奈位於塞拉比特・卡迪姆（Serabit el-Khadim）的綠松石礦山，遠從埃及來此的礦工會向「綠松石的女主人」哈托爾祈求庇佑；哈托爾也以「孔雀石的女主人」聞名，並與黃金、銅礦有關。

6

處理日常生活中的無形之物

　　神話除了為周圍世界的有形特徵提供解釋之外，也滲入埃及人日常生活的各方面。生病、吉日凶日、夢境都能用神話來解釋。在這個超自然世界中，法術是強大的日常工具，可以用來趨吉避凶，不過法力功效是以神話先例為本。埃及人的日常生活交織著神話、超自然和俗世。

神話和神廟　▷

　　想像一下現在是西元前 1200 年，你來到卡納克（Karnak）的阿蒙神廟，站在圍牆下，聳立在你面前的是泥磚砌成的高大灰色矩形，在地上投下一道長長的影子。這些圍牆保護著裡面的神廟群，把城市的擁擠喧嚷與神廟的純淨聖潔分隔開來；這裡不再有城市的密集房屋、吵鬧攤販及垃圾滿地的街道。

　　你進入神廟的區域，看到了遠處阿蒙神廟的砂岩外牆。阿蒙神廟的入口處有道高塔門，正面有旗杆高掛，諸神塑像與國王雕像都刻在砂岩上。塔門的高度遠遠高於你家附近的任何建

築物，營造出一種令人敬畏的氛圍，你會讚美諸神庇佑埃及。四周都有朝聖者用手指抓著牆，希望能帶走一點神廟的神聖力量。其他人摸著過去的貴族雕像，它們在入口處或蹲或跪，如石頭做成的哨兵般茫然地凝視前方，似乎時間永遠停滯了。每道通往阿蒙居所神聖區域的木門都緊閉，不對外開放。只有在特殊時候，這些門才會打開，暫時允許民眾進入神廟神聖的內部區域，而且一般只能進到外圍庭院。獲准進入的朝聖者，會看到古埃及獲得皇家恩賜的傑出先人立像於此，他們將能永遠參加一年一度的神聖節日，獲得神廟的供品及接近供奉的神——不過，今天並不是那個特殊的日子。進入神廟需要進行淨化儀式，而且如果不是祭司，或是身為國家最高祭司的法老，你根本進不去。

埃及神廟並不像教堂或清真寺，它不是城鎮居民或城市大眾定期聚集和祈禱的地方；埃及神廟是神的居所、神在地上的宮殿、天空與大地的連接處，以及宇宙的象徵。埃及神廟也是充滿神話色彩的區域：圍牆是秩序與失序的分界線，而牆上那呈波浪狀排列的泥磚，也許是仿造拍打著被造世界邊緣的努恩之水。塔門象徵地平線，這是不同界域之間的過渡；雙塔象徵兩側山頂，太陽從兩山之間冉冉升起。神廟中軸模仿太陽穿過天空的軌跡。多柱廳象徵沼澤地，這是努恩之水讓位給創世土丘的變化之地。廳內的柱子是沼澤的植物，柱頭是紙莎草簇或荷花。柱子也是撐起天空的天柱，神廟天花板上畫的星星圖案進一步強化這種意象。再往遠處看，神廟後部是神的聖所，是創世的第一座土丘，也是天空的象徵，為住在這裡的神提供他所

熟悉的環境。創世的不同區域也在神廟的設計之中：天花板和牆壁上半部是天界，牆壁下半部分和地板是地界，下方地下室則是杜阿特。

在神的神殿內，神化身於崇拜雕像之中。雕像由石頭、金、銀或木頭鍍金而成，並飾以寶石；神並不是一直在雕像之中，但只要神願意，就能進入雕像裡，與他有形的樣子結合在一起，如此一來，高級祭司就可以與神的無形力量交流了。在神廟深處的聖殿裡，祭司在日出、正午和日落時分為神舉行儀式，盼望神能回以好報；這三個時刻是太陽每日生命圈的關鍵時刻，祭司要為神提供食物、穿上衣服，用芳香物質塗抹神身。此外還有專門的儀式，由精選的少數人舉行；只有神的高級祭司和國王能夠進入聖殿內，協助儀式的助手只能待在外面的房間和走廊裡。

一般人不能接近神廟裡的神，就像一般人不能接近宮殿中的國王一樣。埃及人必須透過其他途徑與神建立關係。

那麼，你會怎樣與神相通呢？

與神相通 ▷

放在神廟庭院、外廊前和門前的雕像，是一般埃及人接近眾神的媒介。其中有些貴族或國王的雕像可以充當仲介，把朝聖者的祈求傳給裡面的神，以換取他們的名字和祭文能被大聲讀出。哈普之子、高官阿蒙霍特普（Amenhotep）的雕像，立在

哈普之子、高級官員阿蒙霍特普的刻字雕像。

卡納克神廟第 10 塔門的門前，上面刻著銘文寫道：

哦，卡納克的人們，他們希望見到阿蒙。到我這裡來，我好報告你的祈求。我是這位神的傳令官，就像尼貝瑪阿特雷（Nebmaatre）任命我傳達兩土地所說的任何話一樣。請為我獻上「王賜予的禮物」，天天呼喚我的名字，就像為一個被讚美者所做的那樣……

————————————**埃及博物館第 JE44862 號收藏**

　　虔誠信徒也能進入專門的「聽耳」（Hearing Ear）小殿，這些小神殿沿著神廟後牆建立，讓人們可以隨時進入；人們可以進到這些小殿，向裡面的國王像和神像祈求。人們也可以接近神廟外牆上的聖像，它們被刻在盡可能靠近聖殿的地方，可以穿過廟牆把消息傳給對面殿內的神。同樣的，信徒把祈求內容寫在亞麻布上，然後把布綁在棍子上，再將棍子塞進聖殿或小

神殿的泥磚牆裡，或塞進神廟門裡或門框裡，裡面的神也能看到內容。

在這些國家神廟的高牆之外，埃及各地還散布著小型神殿。它們對所有人開放，常供奉對日常生活有特別影響的神，例如主掌戀愛、婚姻及母職的哈托爾。在底比斯的哈托爾神殿裡，人們留下婦女像或陽具符號的塑像，希望獲得生育力。刻在還願碑上的感恩文或懺文，也會被留在神聖的地方；如果有人相信有位神介入他的個人生活，他可能會以這種方式向世界宣布神的力量。刻有銘文和大耳朵圖案的「耳碑」（Ear stelae），也會被放在神殿或神廟的附近區域；神耳扮演著神聖電話的角色，它為祈願者架起直通神的專線電話，保證神能聽到所有的祈願和請求。

出自孟斐斯，刻於新王國時代的一塊耳碑。

印何闐（Imhotep）

印何闐是諸多埃及神中比較少見的情況，是凡人出生，真實的歷史人物。印何闐是埃及第一座金字塔喬塞爾（Djoser）階梯金字塔的設計者，生、卒年都在第3王朝時代，但直到一千多年後的新王國時代才被尊為文官的保護者。到後埃及時代，他完全被神化了，人們向其祈求治病，以至於希臘人將印何闐與希臘神阿斯克勒庇俄斯（Asclepius）相連。印何闐在現代文化廣受人知，是因為一部由布利斯·卡洛夫（Boris Karloff）主演的老電影，裡面那具木乃伊就叫印何闐；1995年的賣座電影《神鬼傳奇》（*The Mummy*）中，則由阿諾·凡斯洛（Arnold Vosloo）飾演印何闐。

印何闐神。

自己動手做埃及法術：召喚印何闐

如果你需要在夢中召喚印何闐，可以遵照下述指令（這些指令是出自西元3世紀的希臘莎草紙書，現藏於大英博物館）：

1. 找到一隻「田野裡的壁虎」。
2. 把壁虎淹死在一碗百合油裡。
3. 用曾是鐐銬的鐵，做成一枚鐵戒指，上面刻上「孟斐斯的阿斯克勒庇俄斯」（就是指印何闐）。
4. 把戒指泡在有死壁虎的百合油裡。
5. 對著北極星舉起戒指。
6. 說七遍：「孟斐斯的（Menophri），坐在基路伯那位，請把真實的阿斯克勒庇俄斯送來我身邊，而不要用騙人的惡魔偷換了神。」
7. 在你睡覺的房間裡，在一個碗中燒三粒乳香，讓戒指穿過煙霧。
8. 說七遍：「阿斯克勒庇俄斯神，現身！」
9. 當你睡覺時，把戒指戴在右手食指上。
10. 等候印何闐在你夢中出現。

節日和神諭 ▷

在某些節日裡，祭司會從神殿內拿出神像，放在聖船上可移動的神龕內；這艘聖船通常放在聖殿旁邊的房間裡。祭司用船兩側的杆子抬起船，以肩膀扛起整條聖船，然後抬著神在神廟外出巡。聖像出巡時是藏在薄紗之後，確保聖船內的聖像免受不潔目光的玷汙（需要注意的例外是民神像，他在出巡時是可以完全被看見的）。

在這些節日裡，通常會舉行一場諸神的出巡，包括城鎮神、阿蒙神的地方化身，或是被神話的已故國王，例如德爾麥地那（Deir el-Medina）的阿蒙霍特普一世；大眾可以接近神，祈求

阿拜多斯的塞提一世神廟裡畫的阿蒙—拉的聖船。

指引。人們可以透過一些方法求得神意。最簡單的方法是問一個問題，神會將答案傳給祭司促使他移動聖船，當聖船向前傾表示「是」，聖船向後退則表示「否」。有時人們會在陶片、石灰石片或莎草紙寫下幾個選項，把這些選項放在出巡隊伍前面的地上，供神閱讀。在這種情況下，神會促使祭司走向最合適的選項，從而「選定」一個答案。其他時候，人們會在神面前大聲朗讀一張單子，神會降臨指示讀的人在哪裡停下來。出乎意料的是，人們並不總是信服神的決定。第 20 王朝時期有名原告，在 3 位地方的阿蒙神面前為自己辯護，但這 3 位阿蒙神卻都證實他犯有罪行。

　　到了埃及歷史後期，神廟有專供朝聖者睡覺的房間，讓他們有望在夢中與神相通，這種做法叫做「孵夢」（incubation）。舉例來說，如果你想治療不孕症，你可以參訪神廟，在廟裡過夜，隔天早上向解夢者描述你在夢中看到的一切。然後，他會向你解釋生小孩最好的辦法。也許，與孵夢有關的最重要神廟，是位於塞加拉「山巔」上的印何闐神廟。在後埃及時代，人們向印何闐祈求醫療幫助，到他的神廟中睡覺、做夢，希望這位變成神的建築師能現身，治癒他們（或最起碼給個藥方）。在這附近，還有一個供奉貝斯神（Bes）的孵夢房間；裡面以色情圖案裝飾，可能供人們來這裡治療性或生育問題，或甚至到這裡生產。

《解夢書》（*Dream Books*）

如果你喜歡在家裡睡，不想去住神廟的孵夢房，你可以躺在自己的床上過夜，隔天早上再去神廟，請求專業者解夢。埃及祭司有本《解夢書》，上面有許多夢境的解釋。一個條目寫道：「若一個人看到高高在上的神。吉！意謂著有頓美餐。」另一個是：「若一個人在夢中夢到自己喝葡萄酒。吉！意謂著照瑪阿特生活。」然而，並不是所有夢都有正面的解釋：「若一個人在夢中看到自己喝溫啤酒。凶！意謂著大難臨頭。」還有，「若一個人在夢中看到自己剪下手指甲。凶！意謂著會丟掉手上的工作。」若你懶得做夢，你也可以付錢給祭司，讓他為你做夢。

曆法神話 ▷

埃及民曆一年有 3 季，都以一年中的農業活動命名：潘瑞特（peret）、閃姆（shemu）及阿罕特（akhet），它們的意思分別是「生長」「收穫」和「氾濫」。每季有 4 個月，每個月有 30 天，並分成 3 週，一週有 10 天，依序為首週、中週及末週。歲末加上額外的 5 天，是主神的生日，稱為「閏」（epagomenal）日。一年共有 365 天。因為真正的太陽年要比 365 天多一些，所以，埃及民曆與太陽年逐漸失去同步性，讓季節的名字與其形容的農業活動失去了關係。因此，儘管埃及人在民曆的歲首慶祝元旦（wenpetrenpet，意思是「年的開啟者」），但他們也認識到天狼星偕日同升才是他們的太陽年、農業年的歲首。因為曆法的不同步，所以，每過 1,460 年，天狼星偕日同升才會與民曆中的元旦在同一天。

季節也為埃及人帶來了麻煩。在炎熱夏季，尼羅河的水位最低，稱為「年瘟」的瘟疫傳遍了整個國家。他們認為病患是被塞赫麥特的 7 枝箭射中了，這 7 枝箭以女神隨從的名字來取名。從西元前 3 世紀起，塞赫麥特的惡魔便是由圖圖（Tutu）神率領，圖圖神通常被畫成獅身人面（sphinx）。透過儀式性的行為，讓好鬥的塞赫麥特平靜下來，變成友善的芭絲特、哈托爾或穆特；變身後的塞赫麥特不再傳播瘟疫，轉而擊退它。人們也用咒語來抵禦塞赫麥特的瘟疫。一個人在外面繞著房子來回走，手持丹斯木棒（des-wood），開始念咒：「離開，殺人犯！風吹不到我身上，過路的惡魔就不會朝我肆虐了。我是

荷魯斯，我與塞赫麥特遊蕩的惡魔一起走過。荷魯斯，塞赫麥特的後裔！我是獨一無二的，芭絲特之子——我將不會因你而死！」埃及有很多保護家庭的咒語，這只是其中之一。

在民曆「真正」的日子結束後所外加的歲末 5 天閏日，有著同樣的危險。這是一個充滿巨大危險和恐慌的時期，此時，埃及人擔心宇宙可能陷於停滯，新年可能永遠不會來臨。最後一個閏日，人們認為塞赫麥特掌控了 12 位使節及凶手，他們是從拉之眼所生。他們現身於埃及各地，他們有千里眼，還能從嘴裡射箭，利用疾病和瘟疫殺戮。因而可以理解，元旦的到來充滿至喜，人們互贈禮物以慶祝新年。

民曆每天都標記吉凶，與特定的神話事件相連，建議人們在那天如何行事才能趨吉避凶。這些事件有時是以現在時態呈現，彷彿神話活動有週期性、持續不斷，永遠在每年同一天發生。許多條目警告人們不要離家外出，或不要吃某種食物，或甚至不要出航；一些條目則警告人們在某日不要念塞特的名字。有本日曆在「潘瑞特」季第 1 個月第 14 日的條目寫道：「伊西絲和奈芙蒂絲哭泣著。就在這天，她們在布西里斯（Busiris）哀悼歐西里斯，紀念她們所看到的。這天不要唱歌，不要吟誦。」在「潘瑞特」季第 3 個月第 7 日，則要人們：「在拉落山之前，不要走出你的房子。這是拉之眼召集徒眾的日子，他們會在黃昏來到他跟前。當心！」

家神 ▷

絕大多數埃及民眾過著鄉村生活，住在泥磚房子裡，耕種田地。儘管對他們來說，大神廟中的神就像宮殿中的法老一樣遙不可及，但諸神及神話在家中仍然扮演著重要角色。現在我們能夠說明這一點，要歸功於德爾麥地那保存完好的新王國時代的住房。德爾麥地那是國有居住地，是為開鑿、裝潢帝王谷王陵的工匠而修建。

一名埃及工匠去卡納克神廟回來，或許他是去看節日的隊伍出巡，或許是請祭司解夢，現在他從神廟返家。他會經由漆成紅色有辟邪之用的木門，進到自己的狹長房子，這間方形的房子有 4 個房間。第 1 間房間裡，一角砌著磚臺，有臺階可以上去；這是一座祈求豐饒的祭臺，供奉著貝斯神、舞女像和旋花藤，後者常是關於「生產涼亭」的象徵。隔壁房間用根柱子頂著天花板，還有一處供休息的低矮泥磚臺。這兩個房間，泥磚牆裡都砌出長方形的拱頂壁龕，龕裡供奉著祖先的碑文和半身石像；人們視祖先為「拉的優秀靈魂」。工匠一家會膜拜這些聖物，他們把祭品放在石桌上，前面則放著石灰石做成的花束，祈求最近去世的家人給予庇佑。這兩個房間裡還有另外一些壁龕，裡面放著索貝克、普塔和阿蒙等國神的小像。家中還有供奉哈托爾、塔薇瑞特等家神的壁龕，與供奉祖先半身像的壁龕一樣，旁邊都有碑文和祭桌。這名工匠家的廚房也有神龕，裡面供奉的是曼瑞特珊格爾（Meretseger）、拉奈努坦特（Renenutet）等與豐收有關的女神。臥室則有主司生殖的小神像，確保性生活和諧，生兒育女。工匠在舉行儀式時會焚香，

香料的香氣被視為眾神的氣味，古埃及人稱為 senetjer，字面意思為「讓成為神聖」。焚香的香味在空氣之中飄散，工匠吸入香氣後，更接近他所召喚的神了，讓他與無形力量相通及交流。

　　這名工匠就在這間泥磚和石頭建成的窄房裡，上演一生：呱呱墜地，與親友共度美好的夜晚，發生爭吵，曾做過的夢想或許尚未實現而已經遺忘了，被惡夢所擾，逐漸衰老，以及最終的死亡。諸神及神話，自始至終主宰著工匠一生。當他有所需要時，就向諸神祈求；他從神如何戰勝眼前困難、繼續克服未來的神話裡，獲得慰藉和激勵；每天都能在家中每個房間見到神讓他安心，這個極度冷漠、有時充滿敵意的世界充滿不可預知的運數，可以援引神的慈悲力量施加影響。事實上，諸神眷顧的確幫助他消除冷漠、戰勝敵意。他不是「信」而已，這就是他眼中的事實。畢竟，諸神介入人類事務，可以用來解釋

祖先半身像（如圖）可以作為活人和亡者的連結。

塔薇瑞特女神（左）和曼瑞特珊格爾女神（右）。

日常生活很多謎團：每個人是怎麼形成的？我們入睡後去了哪裡？為什麼我們會生病？誰決定我們什麼時候死去？為什麼有些人長壽，有人早逝？現在所謂的神話，是過去曾經的解釋。

分娩與命運 ▷

　　就像上述那名工匠早就知道的那樣，從受孕那一刻起，神在人的生命中就扮演重要的角色。一些埃及人相信凡人與諸神都是由普塔所創，他用寶石和金屬造了神，又用泥土或黏土造了人。還有一些埃及人認為是公羊頭神克努姆造出諸神、人類和動物，他把一團泥放在陶輪上旋轉，造出了每個人和他的

深得人心的家神

貝斯

貝斯神在埃及藝術中的表現形式不太尋常，因為藝術家把貝斯畫成正面面向觀者的樣子。他有獅子的特徵，長著鬃毛和尾巴，他呈站姿，雙手放在屁股上。他的腿很短，像侏儒一樣；頭上則戴著羽毛高王冠。貝斯（Bes）可能源於「保護」（besa）一詞，因為貝斯的神職就是嚇跑惡魔。他專門保護孩童、孕婦和產婦，也能防蛇。埃及人為祈求貝斯的幫助，把他的肖像刻畫在家用物品，特別是臥室家具。

貝斯神。

拉奈努坦特

拉奈努坦特往往被畫成一條直立的眼鏡蛇，頭戴日輪和角；或是被畫成一名蛇頭女子。她可以培育地力，增加產出；也可以哺育幼兒，使其茁壯成長。由於這些原因，她被奉為母親、豐饒和豐收的女神，被視為神聖的保姆。她還可以保護國王，一瞥就能殺敵。在後來的埃及歷史上，拉奈努坦特變成與命運有關。

曼芙丹特（Mafdet）

是一位性情狂暴的保護者，被畫成一隻非洲狐獴。她用爪子

和牙齒攻擊殺死敵人，尤其是太陽神拉的敵人。埃及人在日常生活中利用她這種好鬥的特性，法物上畫著曼芙丹特，法術上呼喚她的名字，尤其用於驅鬼的法術。雖然曼芙丹特會為活人提供幫助，但她並不受亡者歡迎：在歐西里斯的審判廳裡，有時她現身是要對亡者施以嚴懲。

塔薇瑞特

塔薇瑞特是另一位重要的家神。在中王國末期之前，她常叫做伊普特（Ipet）。她是長著下垂乳房、圓肚的凶惡河馬，還有獅子的前肢和短粗的後腿，尾巴和背部卻形如鱷魚。她頭上戴著有兩束羽毛的摩狄烏斯冠（modius），這是一頂平頂圓冠，還有一枚日輪。她常拿著象徵保護的「沙」（sa）符號及代表生命的「安赫」（ankh）符號，有時甚至握著一把刀。埃及人在日常生活中會佩戴塔薇瑞特的護身符，用來抵禦邪惡的力量。家中有人分娩時，人們常在家裡刻畫塔薇瑞特的形象。埃及人的床上也繪製塔薇瑞特，是畫在頭枕的地方，用來保護正在睡覺的人。

「卡」——卡是他的分身或生命力。

埃及人在分娩時會用法術保護孩子，尤其要提防一些女鬼，她們會招來特定的凶險禍事。貝斯和塔薇瑞特可以幫忙擊退這些鬼魂；還有一些神也與分娩過程有關，例如海凱特（Heket）、曼斯海奈特（Meskhenet）和夏伊（Shay，參見第 178-179 頁）。當母親要生產時，家人不可以在家裡打結，不論是繫父親的短裙，還是綁母親的頭髮都不行；因為他們相信「結」的法力對

分娩有害。《柏林莎草紙書》（*Papyrus Berlin*）3027 記載了「保護母子的巫咒」，這是一種由「讀經祭司」誦讀的咒語。其中有則咒語用來驅逐可能會傷害嬰兒的惡魔，還有些咒語可讓疾病消失，以及保護母親乳汁。有些咒語要在黎明和日落時分誦讀，並在第二天日出和日落時再念一次。埃及人用大蒜和蜂蜜來驅逐傷害新生嬰兒的惡魔，他們認為這些東西對亡者來說是苦的。嬰兒每天要用的東西，比如杯子，也要飾以緊握匕首的塔薇瑞特以及手拿著蛇的貝斯：這些可怕的場景可以抵擋邪惡。

托特決定一個人的壽命長短，而在人出生時，最終命運就已由哈托爾七女神定下了。新王國時代有篇《王子遭逢厄運的故事》（*Tale of the Doomed Prince*），這些女神宣布王子會被鱷魚、蛇或狗咬死。另一篇新王國時代的《兩兄弟的故事》（*Tale of Two Brothers*），則警告巴塔（Bata）的妻子會被「一把（劊子手的）刀刃」殺死。西元 1 世紀有篇《神童命中注定的故事》（*Tale of the Doomed Prodigy Child*）中，有個父親得知他的兒子會「在與女人睡覺的年紀」死掉。然而，諸神有改變一個人命運的力量：阿蒙「能延長壽命，也能縮短壽命。為了他所喜愛的人，他可以延長人的既定壽命」。也有人認為，曼斯海奈特決定人的地位，拉奈努坦特決定人的物質財富。

掌管分娩和命運的神

海凱特

海凱特女神形為一隻青蛙，或長著蛙頭；她是克努姆的女性樣貌，有時也作克努姆的妻子；也有人認為她的丈夫是大荷魯斯或海赫神。因為她與分娩有關，所以中王國時代的辟邪魔杖刻有她的肖像，這根魔杖也叫做「護佑分娩的長牙」（birth tusks）。新王國時代，人們會戴著海凱特形狀的護身符。

克努姆

在陶輪上造人的克努姆神。

克努姆被描繪成人身公羊頭，有時候頭戴插有羽毛的阿太夫冠和三綹假髮。在埃及傳統南部邊界的埃勒凡泰尼，克努姆與妻子薩提特、女兒阿努凱特（Anuket）一起受當地人信仰。他在埃勒凡泰尼掌控著尼羅河的氾濫。洪水淹沒，淤泥沉積變成泥土，導致人們相信：克努姆用陶輪上的泥土，塑造出所有生物，其中也包含人類。據說他還創造了植物、花卉和水果，甚至也是他讓採石場滿是寶石。

曼斯海奈特

古埃及的婦女是蹲在磚上產子。曼斯海奈特女神是分娩磚的

化身，主管婦女的分娩。由於這個原因，她頭上的特殊符號，可解釋為母牛子宮的表現方式。然而，有時她也會被畫成頭頂著分娩磚的樣子，或被畫成一塊長有婦女頭的磚。有時，人們認為曼斯海奈特能決定孩子的命運。她也出席了亡者的心臟秤重儀式（參見第 220 頁），站在靠近決定亡者命運的天秤前。因此，她不僅在出生時出現，在重生時也將現身。

夏伊

夏伊為命運或運氣的化身，其形象很少被描繪出來；當他現身時，一般是留著彎鬍的人形，但有時也被畫成一條蛇。他在第 18 王朝起才為人所知，信仰遍及整個埃及。夏伊是正神、保護神，象徵諸神對人類生活的積極影響。夏伊出自神的創造意志。他的對立面代表神的報復，被人格化為「帕—傑巴」（Pa Djeba，意思是「報復者」）。

睡覺 ▷

當人在睡覺時，處於無意識狀態，和死亡很像。你在睡覺時可能會從夢中「醒來」。夢是另一種狀態的真實，在夢中，你的知覺能力大為提升，可以看到遠方發生的事情，甚至是杜阿特之遙。人們假設這種新狀態代表塵世與杜阿特之間的一個地方，可以看見活人、神和亡者等無形存有，但不能與他們互動。因此，你不是「做著」夢，而是閉上眼睛後以一種睡夢狀態「醒來」。

雖然人可能在夢中遇到神，但也會擔心睡著無意識時，惡

魔或鬼魂會不請自來，進入臥室，甚至會強暴睡著的人；他們還會在夢中威嚇睡著的人。由於這個原因，人們把貝斯、塔薇瑞特像放在臥室周圍，把兩位神刻在頭枕上。房子裡易受攻擊的地方都受到神的保護，例如，人們會把門閂交由普塔負責，4 個床角則祈求放在石棺四角 4 位高貴的女神來保護。埃及人為了抵抗惡夢和惡魔，在臥室每個角落都放了直立眼鏡蛇的雕像，它們是由泥土所做，嘴裡噴火。牆上掛著特殊石碑，用來抗蛇防蠍，以及治療被蛇蠍咬傷的人。甚至阿蒙霍特普三世位於西底比斯馬爾卡塔（Malkata）的臥室，也設了貝斯像保護，天花板則繪有奈赫伯特女神，她以張開翅膀的禿鷲模樣現身。

　　塞特創造了產生噩夢的要素。為了嚇跑這些夜間令人恐怖的東西，人們需要舉行法術儀式，抵禦可能「坐在」一個人身上的所有邪惡力量。這種夜晚惡魔坐在人身上的觀念，遍及全球，描述的是人在睡眠癱瘓和噩夢中，感到自己動彈不得或被壓碎的經歷。例如，中國文化認為這是「鬼壓床」；某些伊斯蘭國家則解釋是邪靈（jinn）所擾。現今埃及的盧克索（Luxor）西岸，把這種存有叫做「卡布斯」（qabus）。古埃及有本《驅逐夜間降臨在人身上的恐怖東西之書》現在收錄於《萊頓莎草紙書 I 348》（*Papyrus Leiden I 348*）v.2，裡面有一些咒語用來驅除夜間侵擾人的壞東西，一個人藉由和阿蒙等神連結，或他扮演荷魯斯的角色，打敗邪惡力量。他也會請求歐西里斯、西阿等神提供幫助，叫惡魔滾開，因而邪惡之眼就不會落在睡覺的人身上了。

法術與神話 ▷

各種形式的法術在埃及人日常生活中發揮重要作用。最基本的方法，就是佩戴貝斯或塔薇瑞特的護身符，讓邪惡力量不敢靠近。大多數民眾在日常生活中遇到麻煩事時，都知道能影響周遭世界的簡單咒語。除了這些基本的法術形式之外，人們碰到較複雜的問題時，通常會請熟讀法術經文的「讀經祭司」專業協助，請他來家裡舉行強大的儀式。

因為讀經祭司擁有特殊力量，所以常在文學故事出現。他們能把被割下的頭顱重新接回，把蠟作變成真正的動物，還能分開海水，賦予泥人生命。事實上，他們是受過教育的文化人士，他們與神廟有關，可以接觸大量咒語，以相當奇特的方式施法：對神加以威脅。如果招來讀經祭司舉行儀式，他會宣稱他控制了神，神要做任何他想做的事，否則他要把宇宙帶回混沌狀態。有則咒語是這樣寫的：「天將不復存在，地將不復存在，湊齊一年的最後 5 天將不復存在，太陽將不再閃耀，洪水將不會如期升高。」與此同時，祭司完全將自己與神同一，例如，他宣稱自己是荷魯斯或托特。祭司將自己完全化入神的體內，他將獲得這位神對宇宙擁有的影響力。

埃及咒語援引了許多神話事件。把目前的情況（通常是疾病）與神話中的先例相連，咒語就獲得了力量——想法如下：如果咒語過去曾幫助過神，那麼現在同樣有用。很多咒語是從伊西絲與小荷魯斯逃避塞特追殺的神話上獲得力量。有則用來減輕身體疼痛的咒語，病患被視為荷魯斯，並詳述法術治療的措施：

用雙鉤魚叉尖端畫 (1) 9 個符號；搭配〔？〕用新墨水畫的大麥顆粒，把它敷到你的患處。他將像你身後放出的屁那樣離開你！這個咒語要在（人名）面前說出來，用新墨水畫在人的肚子上，畫在他的痛處上。

─────────────────── 《萊頓莎草紙書 I 348》

　　這些有關小荷魯斯中毒或抗蛇防蠍子的神話，也記在叫做「茲皮」（cippi）的碑上。這些碑上滿是法術咒語，畫著小荷魯斯踩在鱷魚背上，抓著危險的動物。主持儀式的人會把水澆在銘文上，當水流過咒語就吸收了咒語的力量。然後人再把水喝掉，法力就進入人體內了。

抓著各種危險動物的小荷魯斯。

惡魔和鬼魂 ▷

因為人們認為鬼魂和惡魔會帶來疾病，所以也會用法術驅邪，人們會佩戴塞赫麥特的護身符來對抗。大蒜、金子、唾液和啤酒對惡魔、鬼魂有效，還有更特殊的是用烏龜的膽囊。惡魔其實更像是主神的差役，神聖的主人派他們出來執行特定任務，例如懲罰不符禮儀的行為。他們通常住在連接杜阿特和俗世的中間地帶，例如墓穴、洞穴和水池；池裡住著叫做維瑞特（weret，意思是「偉大者」）的惡魔。通常把惡魔畫成持有匕首的蛇、鱷魚或人身公牛；讓人更害怕的惡魔，例如夏凱克（Shakek），「他的眼睛在頭裡，舌頭在肛門裡，他吃自己屁股裡的東西，他的右爪朝外伸出，左爪繞過額頭，以糞便為食，墓地的神都害怕他」。

「遊蕩的惡魔」（shemayu）和「路過的惡魔」（swau）可能帶來傳染病，眾神也可能派惡魔纏住人們。《伊那羅斯的故事》（*Tale of Inaros*）是篇用世俗體（Demotic）寫成的故事（編按：古埃及有聖書體、僧侶體和世俗體三種書寫體系，世俗體最簡化，又稱大眾體），故事描述歐里里斯派出兩名惡魔，一個叫做「不和的愛好者」，另一個叫做「荷魯斯復仇者」，到「伊那羅斯之子，小皮馬伊（Pimay）的心上，讓他與伊那羅斯另一子維爾鐵蒙紐特（Wertiamonniut）反目成仇」。皮馬伊正和 40 個手下大開盛宴，惡魔進入皮馬伊的體內，讓他忘了宴會，突然想去戰鬥，誤以為自己受到阿圖的激勵。

鬼魂也是活人麻煩的來源。《阿尼教諭》（*The Instruction of*

Ani）寫道：

安撫鬼魂，做他喜歡之事，不做他厭惡之事，願你不受他惡行的傷害，他是所有危害的來源。一隻牲畜從田野被帶走嗎？就是他做了這樣的事情。田裡打穀場受損了嗎？人們也會說：「是那鬼魂。」家裡發生騷亂了嗎？人們的心彼此疏遠了嗎？所有這一切都是他的所作所為。

———————————————————————《阿尼教諭》

　　與惡魔一樣，鬼魂也是善惡兼具，是古埃及神話信仰的一部分；與亡者互動更是生活中的意料之事。理想的情況是，每週結束時，埃及每一家戶都要出一人，把食物飲料帶去墓區，放在祖先的墳墓和墓穴裡。每年在底比斯舉辦「河谷美節」的期間，家人會到墓地去，在墳墓的聖堂內與亡者一起進餐，把祭品留在祖先或名人的墓裡。儘管埋葬亡者的墓區都在聚落的邊緣，但亡者永遠屬於集體。

　　如果希望與已故的人聯繫，可以寫一封「致亡者的信」。這樣的信通常用墨水寫在祭碗內側，留在墳墓之中，當亡者享用完祭品，不得不看到留給他的訊息。活著的人可以用這種狡猾的手段，向死去的父母求助，或怪罪亡者製造問題；他們向亡故雙親求情時，會故意提醒亡者生前的善行，以喚起亡者的愧疚感。而且，如果他懷疑最近遇到的麻煩是死去的親屬在搞鬼，他甚至可能威脅亡者，他要將事情鬧上歐西里斯在杜阿特的法庭。在某些情況，人們可以透過最近剛死的人，聯繫上更早亡故的人。

在埃及人的世界觀中，最接近現代意義的「鬼魂」就是阿赫了；阿赫是「變形了的靈魂」或「受庇佑的亡者」，他已經通過歐西里斯的審判。阿赫可以自由進入被造世界的所有區域，如果他們願意的話，還可以在墓區「出沒」；他們認為墳墓是他們的家，可以被喚來對付敵人。他們也可以到人的房子裡，如果他們被激怒的話，會讓人做噩夢或給人製造麻煩。至於，那些沒有到歐西里斯審判廳的亡者，可能死於暴力、早夭、死刑或沒有採用合宜葬儀安葬，都歸類為「姆特」（mut，意思是「（不當的）死人」）。這些是邪惡亡者中最低等的，有時候被稱為「該死的」。他們和阿赫一樣，也能給活人帶來麻煩，會把孩子從他們父母那裡帶走。埃及人也擔心「敵人」和「對手」，這是他們給來自杜阿特的一群神聖入侵者所取的名字，他們會進入凡塵恐嚇人類，製造麻煩。這些入侵者可能會占據一個人的身體，使其生病、流血，或用他們的力量來製造問題。有個叫做奈斯（Nesy）的入侵者，專門引起發燒。然而，並不是所有埃及人都接受這種可以與亡者往來的信仰，正如著名的《豎琴師之歌》（*Harper's Song*）所言：「沒有人從（死亡）那裡回來，講述他們的情況，講述他們的需要，以安撫我們的心靈，除非我們走到他們去的地方！」

一些關於鬼魂活動的故事被保存了下來，儘管很多都很零碎。舉個例子，《帕坦塞的故事》（*Tale of Petese*）是出自以世俗體寫成的莎草紙書殘篇，成書時間可能是在西元 1 世紀，這篇故事描寫阿蒙的祭司帕坦塞（Petese）在尋找一位智者為他治病時（可能是這樣，但並不確定），在赫利奧波利斯一座

墳墓（或其院子）中遇到一個鬼魂。他們兩個一起攜手走著，鬼魂會在他們談話時發笑。但不論他們談得多融洽，當帕坦塞問鬼魂他還能活多久時，鬼魂只告知他將活完陽壽。帕坦塞生氣了，對鬼魂施了一個咒語，再次要求鬼魂告訴他還有多少可活時間，但這次鬼魂還是不肯說。帕坦塞改變策略，決定將鬼魂作為他與歐西里斯之間的仲介，希望這位庇佑亡者的國王能給他解答。帕坦塞堅持歐西里斯要給他個答案，否則拒絕離開，這樣做讓歐西里斯大為生氣。鬼魂最終心軟了，告訴他只剩 40 天的壽命——這是因為他偷了伊西絲的金銀，神所下的懲罰。帕坦塞心亂如麻，回到家告訴妻子這個壞消息，然後和她上床了；接下來，他在來日無多的生命裡，花了 5 天和其他祭司為 500 塊銀子討價還價，可能是要為自己的不幸要點補償——以籌備自己的葬禮——就如以往一樣，他最終達到了目的。然後，他創造了一群有法力的存有，讓他們在他剩下的日子中幫他寫下 35 個好故事和 35 個壞故事，每天各寫一則。帕坦塞寫作這些故事並不是為了臨死前的娛樂，而是留給後代的禮物。帕坦塞過完剩下的 35 天後就死了。他下葬後，遺孀向拉神獻祭。然後，太陽神以帕坦塞的聲音對她說話，以便他的話能直接進入她的心中。儘管故事的其餘部分殘缺不全，猜測結局可能是拉神復活了帕坦塞，讓他最終得以與妻子重聚。

　　也是以世俗體書寫的《塞特那—卡姆瓦塞特與木乃伊的故事》（*Tale of Setna-Khaemwaset and the Mummies*），在托勒密時代早期的《開羅莎草紙書》（*Papyrus Cairo*）30646 有抄本。故事描述塞特那王子在尋找托特的法術祕卷時，在孟斐斯墓地

遇到了 3 個鬼魂：那奈菲爾卡普塔（Naneferkaptah）王子、他的妻子阿胡拉（Ahure）和兒子曼里布（Merib）。那奈菲爾卡普塔生前，曾在科普托斯（Coptos）的湖底發現了裝有祕卷的箱子。托特希望祕卷不要被人發現，因此那奈菲爾卡普塔的舉動惹惱托特。托特為了懲罰這個小偷，派出一個肆意濫殺的惡魔，把那奈菲爾卡普塔一家三口淹死在尼羅河。後來，那奈菲爾卡普塔的遺體被帶到孟斐斯安葬，但是他的妻兒卻一直葬在科普托斯的墓中，一家人的遺體永遠分開了。

塞特那不理會鬼魂的悲慘故事，也不顧可能會激起托特的怒氣，他讓那奈菲爾卡普塔交出卷軸。那奈菲爾卡普塔拒絕了，要求塞特那與他下棋來定輸贏。不出所料，塞特那輸掉每盤棋；每輸一盤棋，那奈菲爾卡普塔就用棋盤把塞特那捶打入地，最後塞特那只有頭頂露在外面。塞特那的處境越來越不妙，他喚來他的養兄弟來幫忙。他的養兄弟帶來了法力護身符，讓他從地裡飛出來，從那奈菲爾卡普塔手中偷走了卷軸。那奈菲爾卡普塔施以報復，不論塞特那走到哪裡，他都讓不幸緊隨著塞特那，於是，最終知錯的王子把卷軸歸還到墳墓中。塞特那並前往科普托斯去尋找阿胡拉及曼里布的屍體，以便贖罪。他在警長屋子靠南的角落下找到了他們的木乃伊，並把木乃伊帶回孟斐斯，與那奈菲爾卡普塔葬在一起，讓他們一家人團聚了。

自己動手做埃及法術：用啤酒驅鬼的咒語

啤酒，不論是「甜酒」「老酒」還是「專門用來獻祭的酒」，除了是埃及人日常的飲料之外，還常與其他東西相混，例如加入牛奶、油或葡萄酒，作為法術之用。不論啤酒與什麼東西混合在一起，在飲用之前，通常會先放置一晚。要為人的肚子「驅逐痛苦」，會咀嚼蓖麻的種子或果實，與啤酒一起吞服。法術用的莎草紙書也可以浸泡在啤酒中，待其分解後，配水一起喝下，讓咒語進入人體。啤酒並不一定都是用喝的，也可以把磨碎的大蒜加進啤酒，撒在房屋或墳墓周圍，用來防範夜間的鬼魂和蛇蠍。驅魔飲品還能用來驅逐魔鬼附身。所以，如果你想在晚上多喝一杯，有個很好的藉口，就說你被惡魔附體了，然後去買啤酒，教你的朋友念下面咒語：

這種凱姆斯（的）荷魯斯濃啤酒，是在帕（鎮）搗碎的，是在丹普（鎮）混合的，趁著泡沫喝了它！塞姆祭司站著履行職責。你是誘捕者的造物，他吐出了詹奈斯特（Znst-plants）、鴉片酊和荷花。喝口啤酒吧！為了把這個人肚子中的男性或女性亡者的影響趕出來，我帶它來……

──────《赫斯特莎草紙書》（*Papyrus Hearst*）[216] 14: 10–13

7

通過杜阿特
考驗的指南

　　埃及人對個人的存在有著複雜的看法，一個人不僅是一具軀體中的單一靈魂，還由多個元素組成，每個元素都有不同的「存在理由」：「卡」，代表了人的生命力和活力；「巴」，是人的個性和行為；影子，伴隨著活人的身體，但人死之後可以獨立存在；心臟，是人的思想和意識住的地方；名字，是確立個人身分的基礎；肉體，是人的形象，以及一個人的容器。這些軀體、精神元素構成了一個整體，而且在人活著的時候，它們不能單獨行動。

死亡 ▷

你睡著了，你會醒來；你死了，你會活過來。

——《金字塔文》1975B

　　在死亡時，當身體失去「生命的氣息」，人的組成部分各自

分離開來。作為一個整體的人解體了，但各個部分的命運仍然交織不清；失去任何一個組成因素，都意謂著整體的第二次死亡，因此所有的部分都必須得到照顧和保護。「卡」，始終待在墓中，需要食物維持生存；「巴」，飛往來世之域杜阿特，在肉身死亡和審判之間的過渡階段，由杜阿特的入口一路前往歐西里斯的審判大廳。身體，是亡者個性的組成部分，必須得到保存，以便個人能保持完整。為此之故，埃及人發展出製作木乃伊的技術，重現阿努比斯為死去的歐西里斯做防腐處理的過程。除了將肉身做成木乃伊，人們還使用法術抵禦腐化。肉體腐化的破壞性力量被人格化為「凶手……他殺死了身體，他使下葬的屍體腐爛，他摧毀了許多屍骸，他靠殺死活人為生」。順道一提，對死亡人格化的描述只在一處文獻中找到，現存於大英博物館第 BM 10018 號的《海努塔維莎草紙書》（*Papyrus of Henuttawy*）：「死亡，這位大神，他創造了眾神與凡人。」被畫成一條帶有翅膀的四足蛇，長著人的頭，尾巴末梢則是胡狼頭。

埃及人透過保護遺體，確保了他們的精神元素有可以返回的地方──有可以養精蓄銳和重新煥發活力的地方。刻有亡者名

左邊是象徵死亡，有翅膀、四條腿的蛇。

字的雕像也有類似的用途，當身體無法辨認或被毀時，雕像可以充當身體。心臟，被留在身體內——這是唯一留在體內原處的內臟器官，因為最終審判時心臟不能缺席：如果亡者沒了心臟，他也失去了加入受庇佑亡者之列的機會。

一旦身體保存下來，就要讓身體變成「巴」可以再回來住的地方。這需要一個稱為「開口」的儀式，使亡者能恢復功能，

為圖坦卡門木乃伊（左）舉行的「開口」儀式。

雖然死了，仍可以吃喝；這些儀式重新將人各個分離的部分連接起來，並「復活」身體，確保他繼續存在。他現在可以從活人那裡獲得祭品：節日時親友會來墓區與祖先共飲共食，留下

「巴」常被畫成人頭鳥身。

祭品；或是碰巧有人在墓室遊蕩，進來祭拜。如果不能提供實物祭拜，墓裡銘文列出的食品飲料可以拿來替代。只要刻在墓牆上就有法力，變成一場死後的盛宴。

現在亡者不僅能吃喝，還可以說話；這對他的「巴」來說特別有用。死後，「巴」進入杜阿特，踏上一段前往審判的探索之旅。他必須背誦巫咒，叫出杜阿特危險居民的名字，才能獲得控制他們的權力。活人重複亡者的名字，也能增加亡者存活的機會：這就是為什麼墓文一再出現亡者名字的原因。寫著名字的地方可能會隨著脫落的灰泥而掉在地上，但如果寫上了幾百次，就萬無一失，有所保證了。

全副武裝的杜阿特危險居民。

進入杜阿特　▷

我抵達了地平線居民的島嶼，我從聖門走了出去。它是什麼？它是蘆葦地，它為神殿周圍的諸神提供了食物。至於那個聖門，它是舒所支撐的門。或者說：它是杜阿特之門。或者說：當我父親阿圖前往空中東方地平線時，它就是他經過的那道門。

────────────────────── 《亡靈書》咒語 17

你閉上了眼睛，呼出最後一口氣，世界陷入黑暗，你的心臟停止跳動。你睜開眼睛，你不再躺在親人涕泣圍繞的床上，而是站在廣袤的沙漠中，眼前是一道高大的大門。現在，你在杜

幾位保護亡者的神

阿努比斯

在眾神之中，阿努比斯主要的責任是保護墓地，以及監督亡者的防腐工作──這是他最早為歐西里斯防腐時所扮演的角色。他還負責把亡者帶到歐西里斯面前，去接受審判。各種資料都記載他的女伴是因普特，但對阿努比斯的雙親有不同的說法：有的說是歐西里斯和奈芙蒂絲，有的說是芭絲特，甚至是塞特。有些資料說凱布胡特（Qebehut）是阿努比斯的女兒，阿努比斯是「國王的姊妹」所生。凱布胡特的意思是「涼水的她」，她是一條天蛇，協助復活亡者，從 4 個南

姆塞特罈（nemset-jar）——在祭奠場合和開口儀式上用來奠酒或淨化的瓶狀容器——中倒水淨化心臟。

泰特（Tait）

泰特是紡織女神，她提供繃帶來包裹木乃伊，也編織淨化時使用的帳簾。《金字塔文》形容，她替國王穿上衣服，守護他的頭，把骨頭聚在一起。亡者往往希望穿泰特編織的衣服，也許是一塊纏腰布。

荷魯斯的 4 個兒子

雖然多姆泰夫（Duamutef）、凱布山納夫（Qebehsenuef）、伊姆塞提（Imsety）、哈皮（Hapy）這 4 位神是荷魯斯的兒子，但他們也是荷魯斯神的「巴烏」。他們保護亡者的內臟器官，每個器官都單獨放在不同的卡諾卜罈（canopic jar）裡，存放在木乃伊旁的喪葬箱中。

荷魯斯的 4 個兒子保護著存放在卡諾卜罈中的亡者內臟。

阿特了。「杜阿特」一詞經常被譯成「陰間」或「地獄」，但實際上它指的是被造世界的一部分，就像你活著的時候可能會造訪的任何地方一樣，只是杜阿特是活人到不了的地方。有本《亡靈書》在葬禮時會與你一起下葬，現在你可以神奇地得到它了；這本書為你提供指導，你知道這是冒險的開始，這場冒險充滿各種挑戰，很可能以你自己的第二次死亡（你從存在消逝）告終。對埃及人來說，肉體死亡不是真正的死亡，只是生存境況有所改變而已。真正的死亡發生在杜阿特，那些活著時過著罪惡生活的人會真正死在惡魔手中，或被歐西里斯下令處死。

　　先不憂慮你遇見大神的處境，你還有很長的路要走。首先，在你接近歐西里斯的審判大廳之前，必須面對杜阿特的許多挑戰。杜阿特本身並不是一處令人留戀的地方。這是一個悲慘的地方，《亡靈書》說它是：一片沒有水和空氣的沙漠，深沉而黑暗，神祕莫測，這是一個沒有人做愛的地方。穿越杜阿特並不特別愉快，它肯定會是一次殘酷而令人痛心的經歷，但停下來不走也不是個好選擇。只有經歷了這些磨難，你才能抵達審判大廳，在那裡接受諸神的評審；如此一來，你才能被認可是光榮、變形的亡者，你將以神的面目出現，獲准在整個被造世界中自由行動。接下來，你要如何度過永恆的時間，將完全由你決定。

　　於是，你到了地平線居民之島，站在聖門前，即將開啟一趟漫長而危險的旅程。你朝東看看，確定自己的方位，注意天空坐落在一座山的山頂上。你手邊的《亡靈書》，這本重要的

來世旅行指南告訴你，這是巴胡山。根據經文記載，這座山有 300 杆尺長、150 杆尺寬，山的東側有座由紅玉髓造成的神廟，巴胡之主索貝克就住在在裡。山頂上有條蛇，叫做「正在燃燒的他」，這條蛇身長 30 腕尺，前 8 腕尺是用燧石製成，牙齒閃閃發光。事實上，這條蛇的目光具有非常強大的力量，它可以阻擋太陽神的聖船，甚至吞下 7 腕尺深的神聖之水。幸運的是，這本書會讓你安心，因為它告訴你，此時塞特會向蛇投擲鐵槍，使他吐出他吞下的所有東西。然後塞特把蛇放在自己面前，並說道：「向我手中鋒利的匕首展開報復吧！我站在你面前，正確地導航，遠遠地看著。」

根據這本書的記載，你望了望山頂，決定最好與它保持距離。但現在你要去哪裡呢？《亡靈書》提供一些答案，記載當地重要居民和地理特徵，不過書中沒有一幅真正的地圖；它只提供不同地點之間的位置關係，或需要花費多少時間通過。

杜阿特的法術 ▷

就像你生前一樣，你在杜阿特也需要法術；《亡靈書》的咒語會讓你能吸收神的特性，使你擁有神聖的權力，從而有能力擊退敵人、擺脫束縛、抵制腐爛，甚至能免於斬首的厄運。為了確保你有充分的法力，你一抵達，亡者的船夫就被派來溯流將你載至火島，去所有能找到法術的地方收集法術，這些法術全都供你使用。

杜阿特的地圖：
《兩道之書》（*Book of Two Ways*）

畫在棺木內部棺底的《兩道之書》。

儘管《亡靈書》沒有杜阿特的地圖，但中王國時代就有這種地圖了。它們畫在棺木內部，是一本叫做《兩道之書》的部分內容。

據書中描述，太陽神在藍色水道上從東向西航行，然後沿著黑暗的道路從西到東穿過外層的天空。兩條路的中間都有一座通紅的「刀鋒持有者的火湖」，把道路分隔開來。這份地圖標示出一些地點：在瑪阿特之地的托特宅邸、歐西里斯的宅邸、燧石或火焰組成的建築物和高牆、水道以及神殿。有些地方要去拜訪，其他地方則應避免接近。

整片土地上都住著持刀的惡魔，試圖阻止亡者前進。這些惡魔有著令人恐懼的名字，包括：「狗臉，身軀龐大……」「溫度極高的他」「驅趕侵略者……的長臉」「吞噬者，警覺者」。《兩道之書》描述，亡者用法力通過這些惡魔住的地方，抵達羅斯陶（Rostau）——這是「天空盡頭」的所在，也是「墓區」，歐西里斯的屍體「被鎖在黑暗中，被火包圍著」。在這裡，他找到一間由3道火焰牆隔開的大廳，過了大廳後，就來到一些錯綜複雜的道路上。亡者隨後與托特一起旅行，並變成拉的樣子，坐著拉的船航行。通常在經過7

道門之後，他就到了歐西里斯所在之處，為歐西里斯獻上「荷魯斯之眼」。亡者現在又變成托特的樣子，然後在永遠的時間裡觀看拉誇耀他的豐功偉業。

如何找到前行之路

顯然，知道惡魔的名字、特徵以及杜阿特各處，就夠你前行了，因為神靈他們就會為你開路，讓你穿越危險的地方。你有了這些知識，你一定可以到達歐西里斯所在之地。

知道危險陷阱的名字也有所幫助。《亡靈書》咒語 153A、153B 有一張插圖，漁夫張開一張延伸天地之間的巨大網子，他們是「地神，吞噬者的祖先」，試圖阻止不夠格進入下一世的人，希望用這張網抓住你。你背誦咒語，聲明自己不會像行動不便的人或遊蕩的人那樣地被抓住：因為你知道網的組成成分，也知道網的名字叫做「無所不包」，所以你掌控了這張網。

吃喝什麼

一些咒語也將確保你在杜阿特時，不用吃糞便、喝尿或頭下腳上顛倒而行。咒語可以提供麵包和其他可供眾神食用的食物。純淨之地由二粒小麥做成的白麵包、蓋伯麵包，以及紅色大麥釀成的哈皮啤酒，是杜阿特中的首選菜餚，可以在哈托爾之樹的樹枝下食用。太陽神的日行船與夜行船上也分發麵包和啤酒，而且即使無法取得上述食物，7 頭母牛（哈托爾的化身）和公牛也會每天提供麵包和啤酒。

在杜阿特要避開的兩張網：一張在水池裡（左），另一張撐在兩椿之間（右）。

在杜阿特自炊

咒語 189，亡者不斷說著自己將在杜阿特吃什麼，在杜阿特的主食是荷魯斯家中的 4 塊麵包和托特家中的 3 塊麵包，絕不是糞便或尿液；亡者特別聲明他會在哪裡吃，在「哈托爾的無花果下」或「傑巴特奈弗瑞特」（djebat-nefret）樹的樹枝下；最終，亡者被一名叫做「不會數數者」的人問道：「你每天以別人的東西為生嗎？」他答道，除了上述的神聖供品外，他有在蘆葦地耕田，迅速駁斥惡魔隱約暗示他在來世白吃白喝。亡者所說的這些田地，受到下埃及國王的雙生子監護，由「天上眾神和地上眾神之中最為偉大者」來耕種。

地理景觀 ▷

　　瀏覽《亡靈書》的內容，你會注意到杜阿特主要地貌都是一些大門、土丘和洞穴，所以你試圖記住它們的外觀和擁有者。剛剛離世的人對杜阿特的地理感到非常困惑。你讀到第一道咒語，可能會擔心羅斯陶的蛇，他們靠吃人肉飲人血而生。幸運的是，咒語可以幫助你抵擋這種蛇。關於羅斯陶本身，你很快知道它的南大門在那瑞夫（Naref），北大門在歐西里斯丘。咒語 17 還說，在那瑞夫和隨從之家間有座火湖。火湖會燒死有罪的人，淨化正義之士。從古王國以來，火湖就是埃及來世地景的一個特徵；不過位置隨著時間而有所變化。在新王國時代，火湖通常被畫成一個方形或長方形的水池，每邊都有一隻狒狒，狒狒身邊有火的象形文字。《兩道之書》記載，火湖可以經過兩道門進入：黑暗之門和火之門。

杜阿特的大門

　　也許杜阿特地形最重要的特徵就是它的大門，因為你必須經過大門才能到達歐西里斯所在之處。就像一座城市分成多個城區一樣，杜阿特的地形也由多個區域組成，每個區域只能透過一道大門進入──或者也可以把杜阿特比作宮殿或神廟，當你離軸線越遠，受到的限制也會越多。

　　杜阿特的大門有時被形容得美輪美奐，上面飾以安赫、傑德（djed）符號，牆上方豎立一綑綑叫做罕罕爾（khekher）的蘆

狒狒包圍著的火湖。

葦裝飾，牆頂向外彎曲的建築則是凹弧形屋簷。在不同的咒語中，這些門的數量也有所不同。根據咒語 144、147，在抵達歐西里斯之前有 7 道門，每道門設有守門人、門衛和記錄者各一，所有這些可怕的惡魔都帶著刀子，或者拿著比較不可怕的穀穗。有些惡魔是木乃伊的模樣，長著動物的頭，有些則全是動物身形。你到了杜阿特的第 1 道門前，會遇到一個名叫「臉反轉者，多變者」的守門人。他旁邊則站著門衛，名叫「偷聽者」，而記錄者有個與其職務相襯的名字——「大聲說話者」。你看了《亡靈書》知道每個惡魔的名字，並大聲說出來之後，守門人會宣布你有資格通過，允許你進入杜阿特的下一個區

長著動物頭的門衛守衛著杜阿特的大門。

域，迎接下一個困難。如果你喊出名字後，有任何一個守門人不為所動，咒語 144 提供一套很長的說辭讓你說服他們你夠格通過；這段說辭要你指出以下事實：你於羅斯陶出生；你領導著地平線的眾神，追隨歐西里斯；你是靈魂之主；以及你帶著荷魯斯之眼。之後，如果這還行不通，你可以按照咒語的建議告訴守門人，你的名字比他的名字更強大，你是「將真理送至拉的面前，並摧毀阿波斐斯威力」的人。你應該向他說：「我是打開蒼穹的人，我驅散了暴風雨，讓拉的船員安全活著，也是把祭品送往它們應去之地的人。」

另一方面，如果你按照咒語 146 前進，就會遇到更多門：

為什麼大門的數量不同？

在《亡靈書》中，我們看到大門有兩個數目，有的寫 7 道，有的寫 21 道。更令人混亂的是，新王國時代皇陵牆上刻寫的來世文獻《大門之書》（*Book of Gates*）則記載有 12 道門，對應著夜晚的 12 個小時，每道門都由一個惡魔守衛。這些不一致是因為古埃及人不願意放棄舊觀念：當你可以試用任何一道咒語時，為什麼要去掉可能是正確的那一個呢？

「蘆葦地的歐西里斯之家」有 21 道門，每道門都有兩個惡魔、一個女門衛和一個守門人看守著。首先你會遇到「讓人發抖的女主人，高聳的城垛，女酋長，毀滅的女神，預知未來事件的人，驅散風暴的人及拯救搶劫遠客的人」——面對著惡魔般的可怕生物，而且他還有武裝時，這可是相當冗長拗口！另一方面，守門人的名字就簡單多了，就叫做「可怕的傢伙」，在緊張的情況下，這個名字比較容易說出來的。接下來會遇到的大門中，守衛第 8 道門的女神名叫「熊熊火焰，毀滅之熱，鋒利之刃，疾速之手，不警告而殺人，因害怕她帶來的痛苦而無人敢過」。她的守門人叫做「保護己身者」，考量到守衛這道門的女神具有的暴力性質，這名字並不奇怪。

土丘

當你在杜阿特遊蕩時，可能會引起你注意的景觀之一就是這

裡有眾多的土丘。咒語 149 提到 14 座土丘，有 11 座是綠色，3 座是黃色。第 1 座土丘是綠色，那裡的人以塞恩麵包（shen-loaves）和一壺壺啤酒為食。拉—哈拉凱提神住在第 2 座綠色土丘上。第 3 座綠色土丘更險惡一些，這裡住著眾多靈魂，沒有人能走過去，「它內藏靈魂，它的火焰可以迅速燒毀他物」。第 4 座土丘依然是綠色，雙峰高聳，長 300 杆尺，寬 150 杆尺，這裡有條叫做「刀劍投手」的蛇有 70 腕尺長，以斬殺靈魂，吃其頭部而活。第 5 座綠色土丘是靈魂之丘，人們無法通過，「裡面的靈魂從臀部起，有 7 腕尺高，他們靠吞食行動遲緩的人的影子為生」。第 6 座綠色土丘，「是獻給諸神的洞穴，靈魂無從知曉，亡者不可進入」，這裡似乎住著一種類似鰻魚的生物。住在這裡的神是「阿朱魚（adju-fish）的打倒者」。如果你爬上這座土丘，你必須拜訪裡面的眾神，為他們準備扁平的蛋糕，以法術阻止「阿朱魚的打倒者」控制了你。

第 7 座綠色土丘是拉瑞克蛇之山。這條蛇長 7 腕尺，靠吃靈魂而活，力量十分強大，你應當對蛇的毒液和咬傷懷著畏懼之心。《亡靈書》提供一個很有用的建議：你可以召喚好鬥的曼芙丹特來切斷蛇頭。一位叫作「高高在上的哈霍特普」的神住在第 8 座綠色土丘中，他保護土丘不讓任何人靠近。第 9 座土丘換成黃色了，名叫「伊克西鎮（Ikesy-town）和捕獲東西的眼睛」。據說這座城鎮「眾神不知，靈魂害怕聽到這個名字，除了那位在自己蛋內的神可以往來之外，沒有人能出入（這位讓眾神敬畏、靈魂懼怕，威嚴十足的創世神很可能就是拉—阿圖）：它的入口處是火焰，其呼吸會毀掉鼻子和嘴巴」。第 10

座土丘叫作「高原」，也是黃色。儘管它的名字平淡無奇，但這是個令人恐懼的地方，你必須命令住在那裡的人，到你通過為止都要俯臥在地，這樣他們才不會拿走你的靈魂或影子。第 11 座土丘又變為綠色，極為神祕，靈魂因害怕洩露他們所看到的東西而不會進出。第 12 座土丘是綠色的，被稱為「維奈特丘（Mount of Wenet），它在羅斯陶的前面」。神和靈魂不能靠近這座土丘，那裡有 4 條眼鏡蛇，每條都叫做「毀滅」。第 13 座土丘是綠色的，叫做「張開嘴的人，一盆水」。沒有人能控制這座土丘。它的水是火，所以沒有人敢喝，水裡長滿了紙莎草。第 14 座也是最後一座土丘，叫做「凱拉哈之丘」（Mound of Kheraha），是黃色的。它讓尼羅河改道，大麥滿載。尼羅河源頭處的埃勒凡泰尼洞穴的那條蛇，就屬於這座土丘。

洞穴

當你穿越杜阿特時，還會遇到 12 個洞穴，每個洞穴裡都住著幾位神。出乎意料的是，這些神能幫助你。第 8 個洞穴裡的幾位神，模樣詭祕並會吹氣；在這些神之中，有追隨歐西里斯的神，他們會讓你在木乃伊中得到安息，還有位神叫做「站立者」，他允許你在拉升起時向拉崇拜，以及一位「隱藏者，他會讓你成為蓋伯之廳的強壯者」。此外，還有許多其他神祇，例如舍瑞姆（Sherem），他在杜阿特中阻止邪惡靠近你。第 10 個洞穴的神據說叫聲很大，他們掌握著神聖的奧祕。這裡，屬於陽光的神會給你光明。在其他的洞穴中，伊凱赫（Iqeh）允

杜阿特中的洞穴，以及住在洞穴的神。

許你待在拉神面前，永遠與拉神在天上遨遊；伊肯（Iqen）趕走一切邪惡；「毀滅者」清除你的視線，讓你可以看到日光神；「紅頭的她」確保你擁有控制水的權力。

交通　▷

　　《亡靈書》幾乎沒有提到你該如何穿越杜阿特；你似乎應該以徒步的方式或在河上乘船完成旅程。然而，如果你走累了或暈船，你可以神奇地變成各種樣子：咒語 13 可以讓你變為一隻鷹隼或鳳凰；咒語 77 會將你變成一隻身長 4 腕尺、綠石雙翼的金鷹隼；咒語 79 可以讓你成為法庭的長老；咒語 $81A$、$81B$ 可以讓你變成一朵荷花；咒語 83 將你變成一隻鳳凰；咒語 84 把你變成一隻鷺；咒語 85 把你變成一個不會走進冥界刑場的活靈魂；咒語 86 把你變成一隻燕子；咒語 87 把你變成一條蛇；咒語 88 把你變成一隻鱷魚。你甚至可以變成阿圖或普塔神的樣子。最後，為了涵蓋所有情況，咒語 76 可以讓你變成任何你想要變成的樣子。

　　然而，在你的旅程中有些地方，會使你的旅行計畫變得更複雜。《亡靈書》說，你與叫做馬哈夫（Mahaf）的擺渡人會面時，必須要求他去喚醒負責渡船的阿肯（Aqen）。但在馬哈夫離開去喚醒阿肯之前，他開始為這艘船不適合航行找藉口。當你讓馬哈夫「從腳之湖帶來克努姆的組合船」時，他會告訴你船還是一片一片的，放在船塢裡。當馬哈夫指出這艘船「她沒有木板，她沒有船尾材，她沒有防舷材，她沒有槳架」時，你必須提醒他，「巴比嘴唇上掛的水珠是她的木板，塞特尾巴下面的毛髮是她的船尾材，巴比肋骨上的汗珠是她的防舷材，以女性身分出現的荷魯斯雙手是她的槳架。她是荷魯斯之眼所造，荷魯斯之眼會為我掌舵」。

　　根據《亡靈書》記載，後來馬哈夫將會擔心沒有人來保護他

巴比神

提到「長著紅耳朵和紫肛門」的巴比神，他是一隻好鬥的狒狒，以人類的內臟為食，甚至從不具名的「轎子女神」偷走了祭品。他有時與塞特扮演同樣的角色，可以用自己的力量來抵擋蛇和其他危險生物。他的陰莖是天空的門閂，可打開和關閉天空，同時也是杜阿特裡渡船的桅杆。雖然巴比沒有官方信仰，但他與陰莖的關聯以及他神聖的男性生殖力，讓他在保護陰莖、治療陰莖疾患的咒語常被提起。我們在第三章已經知道巴比是「歐西里斯的長子」，也在《荷魯斯和塞特之爭》中知道他曾重重冒犯了宇宙之主（參見第四章）。

的船，你應該建議他有塞奈姆提（senemty-animal）——這種動物的身分不明。再後來，馬哈夫會認為天氣多風，而船卻沒有桅杆。你該回應說，你會帶來巴比的陰莖，它能好好地完成這項工作。過了一段時間，馬哈夫動了慈悲之心，終於離開去接阿肯。「發生了什麼？」阿肯會說，「我在睡覺。」阿肯可不是一個通情達理的救星，他提出他自己的問題，比如說沒有水瓢，讓你像往常一樣提出解決方案。即使船最終來到你面前，你的問題還沒結束：在你航行之前，需要說出船上每個零件的名字。

當地居民（杜阿特的居民）　▷

　　在死亡之中，你不僅要面對杜阿特陌生的地理環境，應對陌生的守門惡魔，就連出現在你身邊的也會是一群相當可怕的傢伙。當你沿著道路行走時，當你穿過被法術照亮的黑暗時，你可能會遇到一些臉長在後面、眼睛長在膝蓋上的生物，他們是以割下他人腦袋而聞名的惡魔。反叛的敵人也是危險的來源，所以除了你的服裝、便鞋、長杖和纏腰布外，《亡靈書》還要你帶上所有的武器，用來砍斷惡魔的脖子。基本上來說，你遇到的任何生物都可能充滿敵意，但只要你知道惡魔的名字，你就可以控制他，把他從威脅者變成保護你的人。如此一來，「燒毀反叛者的那位」「取心為食者」「浴血而舞者」「斬殺人類者」有著這些名號的眾神，也變得不那麼嚇人了。

邪惡的動物也會帶來干擾，亡者需要藉助咒語的力量，用大刀或長矛擊敗他們。鱷魚可能會奪走你的法力，所以，如果你被一組 8 條鱷魚包圍，為首者住在「不倦的星星」，你應該用矛擊敗他們。像往常一樣，當面對威脅的時候，知道敵人的名字就占了上風。「回去！走開！回去，你，危險者！」咒語31 描述遭遇到一隻鱷魚的情況，「不要過來對付我，不要依靠我的法術而活，願我不必把你的名字告訴派遣你來的大神，你的一個名字叫做『使者』，另外一個名字叫做『貝特地』（Bedty）」。

還有一些邪蛇，包括拉瑞克蛇（rerek-snake）在內，你要對蛇說：「拉瑞克蛇，走開，因為蓋伯保護著我；起來吧，因為你已經吃下了一隻拉神討厭的老鼠，而且你已經啃咬了一隻腐貓的骨頭。」還有一條蛇咬著一隻驢，叫做「吞下驢者」。其他時候，你必須與阿波斐斯作戰，假定你自己是與之作戰的拉神。在你的旅程中，你也可能會受到阿普塞蟲（apshai-beetle）的糾纏，擊退他的咒語是：「從我身邊走開吧，哦，彎曲的嘴巴！我是克努姆，潘什努（Peshnu）之主，我把眾神的話傳給拉神，我會向他們的主人報告事情。」

也有一些來世的惡魔，他們試圖誘惑你，使你偏離瑪阿特而行，而不是試圖直接殺死你。須留神提防這類惡魔，其中一個就是掌管敵對亡者的蓋布加（Gebga），他通常被畫成一隻黑烏鴉。他以糞便為食，試圖誘惑你也吃糞便，他說這是荷魯斯和塞特的糞便，所以沒那麼糟。這種誘惑是一個常見的主題。在《棺槨文》中，亡者曾受誘惑，吃了從歐西里斯臀部排出的

杜阿特不是手無寸鐵的人可以進入的地方。在這裡，那赫特（Nakht）用匕首與討厭的阿普塞蟲作戰，與三條鱷魚和一條名為「吞下驢者」的蛇打鬥。

塞日姆

塞日姆是一位你要與之交好而非與之為敵的神。因為他是一位釀葡萄酒、榨油的神，你可能期望他在杜阿特也平易近人。也許他果然如此，但他也會把壓榨用在更加血腥的用途上，比如擠壓那些被詛咒者的腦袋。他還把神宰了煮熟，讓國王可以吃他們的身體、吸收他們的力量。另一方面，他也為眾神提供了香水。

糞便。這反映了一個上下顛倒的世界——上下顛倒是杜阿特常見的特徵——但你必須拒絕。

你也會遇到惡魔雅奧（Iaau），他是活人世界顛倒的化身。他吃糞便喝尿，雙腿之間有個舌頭，嘴裡則有陰莖。據說，在存在產生之前，雅奧就已在創造者的腹中了。他最終像排泄物一樣被排出來，成為所有負面事物的化身。

8

你的審判
以及成為阿赫

　　經過杜阿特的考驗之後，你現在到達了你最終的目的地——歐西里斯的審判大廳，這裡叫做「雙正義之廳」。你會被盤查，要求你說出廳門每部分的名稱，例如，門柱會阻擋你：「除非你說出我們的名字，否則我們不會讓你進來。」你可以回答說：「『托特的鉛錘』是你的名字。」之後，入口會問你要向哪位神通報。

　　「請向兩土的譯者通報。」你應該這樣回答。

　　「誰是兩土的譯者？」

　　「托特。」

　　托特也許是聽到了自己的名字，現在換他對你做進一步的盤查。

　　「說，」托特說，「你為什麼來？」

　　「我來這裡報告。」你回覆說。

　　「你的情況如何？」

　　「我沒有做錯任何事，我避免加入那些紛爭，我不是其中之一。」

　　「我應該向誰通報你呢？」

「他的屋頂是火，牆壁是活的眼鏡蛇，房子的地板在洪水中。」

「他是誰？」

「他是歐西里斯。」

「往前走吧，你被宣布覲見，『眼』是你的麵包，『眼』是你的啤酒，『眼』是你在塵世的供品。」

歐西里斯的審判和 42 位神的議會 ▷

你在塵世服侍的所有神，（現在）你面對面看到了。

——————————內弗爾霍特普（Neferhotep）墓中的《豎琴師之歌》

　　審判時間到了。你穿著白色的衣服和便鞋，塗上沒藥，畫著黑色的眼影，你被阿努比斯護送進入雙正義之廳。你很快會看出，這座大廳設計成一座神殿的樣子：大廳屋頂由柱子支撐，牆壁上半部飾以瑪阿特羽毛以及抬頭的活眼鏡蛇。42 位手持匕首的神以木乃伊狀現身，在大廳兩側蹲坐著；人、蛇、鱷魚和獅子凝視前方，他們頭戴插著瑪阿特羽毛的假髮；大廳中央，還有更多更顯赫的神，鄭重地注視你的到來。你立刻從朱鷺頭認出托特，他站在離你最近的地方，手持抄寫板，隨時準備記錄審判結果。更遠一點，有階梯可接華蓋，華蓋下王座坐的是歐西里斯，他有著綠色的皮膚，身體裹著亞麻布，手持權杖和連枷，靜靜地看著審判過程。他身後站著他的姊妹伊西絲

歐西里斯（左一）監視亡者（右一，正舉起雙手讚美神）心臟秤重的過程。

和奈芙蒂絲。站在這些強大力量面前，就夠讓人膽戰心驚了，還有可怕的動物阿米特（Ammit）更會嚇得你手腿發抖。這頭野獸長著鱷魚的頭、軀幹是豹或獅子，還有河馬的後肢——每一部位都來自那些讓人害怕的動物；阿米特就蹲在秤邊。如果你生命中的罪行比瑪阿特的羽毛還要重，阿米特隨時都會把你吞掉。她的嘴開著，露出牙齒，看起來很飢餓。

　　歐西里斯凝視著你，你首先向這位正義之主宣示自己是無辜的。你要說，你沒有騙過別人，沒有搶奪孤兒的財產，沒有做過神憎恨的事，沒有殺人或下令殺人。你以崇拜的姿勢舉起雙臂，依序走到 42 位陪審的神面前，這些神「以那些喜愛邪惡者為食，吞噬他們的血液」。你得說出每位神的名字，陳述自己並未犯下具體的罪行。「哦，從赫利奧波利斯來的馳行者，我沒有做過欺瞞之事，」你對第一位神明說。「哦，從凱拉哈（Kheraha）來的擁火者，我沒有搶劫過，」你對下一位神說。諸如此類。對赫爾摩波利斯的大鼻子說，你不貪婪；對萊托波里斯（Letopolis）的火眼說，你沒有做過任何不公平的事；對

赫拉克利奧波利斯的破骨者說，你沒有說過謊；對三十的房子的內臟食用者說，你沒有做過偽證。總共有 42 項罪行，胡說、慍怒、偷竊麵包、行為不端、竊聽、不耐煩、大聲喧譁都是其中之一，還有聽起來更嚴重的罪行，例如殺死一頭聖公牛、在你的城市褻瀆神靈、對國王施法。最後，為了完全澄清自己未曾犯過這些罪行，你再次聲明自己是清白的，這次是向大廳所有神說的，並且高興地（也許是非常興高采烈地）提醒他們說，你「吞下了真理」。

一旦你安撫好 42 位神，便是時候再次站在歐西里斯面前了。阿努比斯立起秤，以狒狒模樣現身的托特蹲在秤中間的杆頂上（也有說是在秤旁）。你的心臟毫無痛苦地離開你的身體，輕輕地在左邊秤盤上飄浮著。對於某些人來說，這可能是開始令人擔憂的時候，但幸運的是，你的木乃伊早就已做好準備。刻著《亡靈者》咒語 30 的甲蟲心形護身符，已放在木乃伊的真實心臟上，這會讓你的心臟以法力藏起你犯的所有錯誤，得以在歐西里斯面前留下無瑕疵的紀錄。「不要站出來作證反對

阿米特（右）耐心地等待托特記錄亡者的命運。

我」，咒語寫道，它對心臟說，「不要在法庭上反對我，不要在秤的守護者面前敵視我……」這樣，你帶著自信的微笑，看著你的心臟與瑪阿特的羽毛保持平衡，你的來世獲得確保。現在，托特以朱鷺頭人身模樣再次現身，在他的紙莎草紙上寫下結果，轉身向大九柱神說明。他說他已經評判你的心臟，你的行為符合正義。他特別指出，你沒有從廟裡拿走供品，活著時沒撒過謊。九柱神對此深信不疑，認可了判決結果。荷魯斯再次把你帶到歐西里斯面前，告訴他你的心已被證明真實不假，沒有對任何神犯過罪。托特已經記下判決，九柱神已知此事，瑪阿特女神親身目睹。你會被賜予麵包和啤酒，如此一來，你就和荷魯斯的徒眾一樣，獲得了永恆。

現在輪到你直接對神說話了。

哦，西方之主，我就在你面前。我身體裡沒有惡行，我沒有蓄意撒過謊，也沒有犯過其他罪行。哦，歐西里斯，請讓我成為你寵幸的隨從吧，讓我成為善神寵幸的人，成為兩土地之主喜愛的人……

—————————————————— 《亡靈書》咒語 30B

塞貝肯薩夫（Sebekemsaf）的人臉甲蟲心形護身符。

　　眾神現在宣布你是「真實的聲音」、歐西里斯的追隨者，而且仁慈地把心臟還給你。作為物質創造本身的阿圖神，將花環戴在你頭上，然後，筋疲力竭但心情雀躍的你，終於可以自由前進，從大廳盡頭正對著門口的另一扇門離開。

變成阿赫 —— 變形的靈魂 ▷

　　你在法庭獲勝後，離開了審判大廳，成為一名受庇佑的亡者。你的「巴」和「卡」會與你再次結合，宣布你變成了一個「阿赫」。不是所有亡者都能成為阿赫，只有通過審判的人才擁有阿赫的形態。未能穿越杜阿特的人，不能和他的巴、卡結合，會永遠保持未變形的狀態，被歸類成「姆特」，則會面臨第二次死亡，會被阿米特利牙咬下，吞入臟腑，或在杜阿特飽受折磨，落入神的「屠宰場」，在「有著鋒利手指……的歐西里斯的劊子手」手中，直至完全消滅。

妮菲塔莉（Nefertari）玩塞奈特棋，象徵著打敗她無形的對手——死亡。

阿赫和敵人

每個埃及人的目標都是成為一個阿赫（akh），而非「一個敵人」。

阿赫的複數為 akhu，是很難翻譯的一個字；它似乎不是指一種存有的新演化，而是賦予亡者的一種地位。阿赫為一個與光明合一的人，以光榮的狀態存在著，具有真實效力，可以任意變形，自由來去，可以到空中或杜阿特與神一起，也可以回到塵世與活人同行。

秩序的敵人並不是那些不夠格受庇佑的人，秩序的敵人一直以混沌為代表。他們的下場不是再度死亡，而是持續受罰，被迫吃下自己的糞便或頭下腳上顛倒而行。眾神喝了他們的血，他們的肉被煮熟了。將敵人放在大鍋裡，似乎是杜阿特中典型的懲罰方式，《洞穴之書》描繪 3 口大鍋，從地裡伸出來的手臂（名叫「毀滅之地的手臂」）舉著每口大鍋，鍋裡是拉和歐西里斯的敵人。第 1 口鍋子裡有敵人的頭顱和心臟；第 2 口鍋子裡是沒有頭、五花大綁的身體，上下顛倒；第 3 口大鍋裡則是敵人的肉體、巴（靈魂）和影子。

兩口大鍋：左邊的鍋裡煮著沒有頭的身體，右邊的鍋裡煮著心臟與頭顱。

接下來呢？　▷

　　現在你已經通過了歐西里斯的審判，安撫了神聖法庭的 42 位神，並且正式宣布你成為阿赫。「現在該做什麼？」你可能會問。你可以在被造世界毫無阻礙地自由來去，現在你有許多選擇，而且選項不一定互斥。比如，你在來世時可以與太陽神一起巡航，在空中駕駛太陽船，為他抵禦侵略；同時，你也可以獻祭，與不倦的星星待在一起。你可以入列九柱神，變成其中一位的樣子；或者在「雙刀之湖」的湖邊安靜地喝上一杯，再去綠松石之溪，看神聖的布林提（bulti）魚和阿布都（abdju）魚。你也有機會看到荷魯斯撐著托特和瑪阿特的臺基。

　　成為阿赫的你，可以決定在歐西里斯王國度過一段時間，在他位於「美麗的西方」的餐桌上用餐。你也可以在早上離開杜阿特，在你墓地附近打發時間、下棋，到了晚上才回到杜阿特休息。你也可以加入裁決荷魯斯和塞特之爭的神庭。然而，《亡靈書》沒有一處提到，你可以與其他靈魂在一起，甚至家人和朋友也不行（不過你可以去蘆葦地探望父母）。你在杜阿特的同伴只有神，你已經在死亡中獲得了神的特徵。

　　你活在眾神之中，有神的樣子：上身由天青石做成，頭髮烏黑，髮上點綴著天青石。因為你的臉上以嵌有天青石的黃金覆蓋，所以看上去就像拉神般光彩耀人。你也將會穿上一件質地精良的亞麻布禮服，全身飾以黃金。在死亡之中，你身體的各個部分也充滿了神性，與各神相連。你成為歐西里斯和拉，成為光的源頭，永恆升起。

蘆葦地和祭品地　▷

　　也許你在死亡之中最熟悉的地方就是蘆葦地，《亡靈書》的咒語 109、110 對蘆葦地有所描寫。這裡有一部分地方是留給你的。你以太陽神船隊一員，穿過阻止不配進入者的大鐵牆，乘船到了蘆葦地。下船後，你會發現兩棵大綠松石樹，每天太陽會從這兩棵樹中間升起。你向眾神中的大九柱神表達敬意，能親自見到他們，你深感榮幸。然後，你沿著河流經由許多丘陵和水路，駛向你的農田，其中之一叫做「白河馬的水路」。你的《亡靈書》告訴你，這個地方「長 1,000 里格，寬度未知。裡面沒有魚，裡面也沒有蛇」。當你沿著河漂流時，還會注意到一條叫做「淨化女神之角」的水道，長寬各有 1,000 里格。

　　過了一段時間，你到達你的土地上了。然而，你並不想親自幹活，你用法術喚來你的夏布提（shabti），他們是為你做所有農活的奴工；放在墓中的夏布提像，刻有《亡靈書》的咒語 6，確保來世他們會忠誠地服侍你，為你工作。他們辛勤勞作，在「東方人的靈魂」面前播種、耕作、豐收，大麥長到 5 腕尺高，二粒小麥更有 7 腕尺高。在這個滋長繁盛的超自然空間裡，你注意到自己身高 9 腕尺。這裡諸事順遂，沒有任何會滋擾你的生物。你可以像在塵世時那樣，耕種、收穫、吃喝和性交，但最好不要大喊──顯然這裡禁止大聲喧譁。你看完夏布提照料田地後，接著停下來讓鷺鳥為你充分補給，吃喝一下。你再次出發，要去肯凱奈特（Qenqenet），向父母致敬，航行經過了更多丘陵和城市，很多名稱都很不凡，例如，偉大的女神之

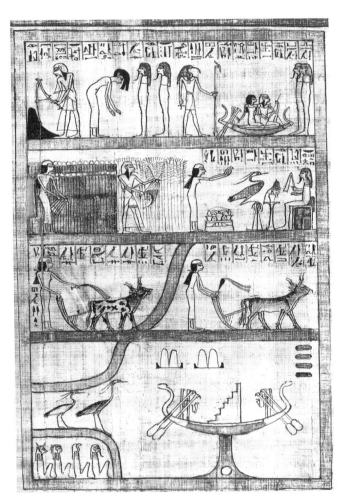

蘆葦地的生活。

城、沼澤地、上好的祭品之城、供給城,牛奶女神之城、聯合之城。你的最終目的地還是大九柱神,它永遠值得更多的讚揚。

為亡者在杜阿特幹活的夏布提。

但蘆葦地在哪裡呢？

與埃及來世信仰的很多面向一樣，有關蘆葦地所在之處，在數千年歷史中也不斷變化。起初，蘆葦地在蜿蜒水道以南，也就是黃道以南的天空，是亡者進入天空之前接受淨化的地方。與蘆葦地相對的是祭品地，這裡位於黃道以北的天空，是亡者渴望划船來訪的地方。到了新王國時代，蘆葦地具有祭品地的特徵，位於東方地平線之外的某處。《亡靈書》咒語 110 甚至指出蘆葦地就在祭品地之中，原來兩處不同地方到了新王國時代卻交織不清了。

杜阿特的故事 ▷

塞特那的杜阿特見聞

儘管嚴格來說，只有神或亡者才能進入杜阿特，但擁有強大法力的人可以打破自然規則。其中之一就是斯—奧西拉（Si-Osire），他是塞特那和曼海薇斯克（Meheweskhe）的兒子。《大英博物館莎草紙書》第 604 號有西元 1 世紀的抄本，記載了他的冒險經歷。有一天，塞特那在孟斐斯家中淨身準備慶祝節日，聽到了外面的哭聲。他從窗戶望出去，看到一群人正抬著一具有錢人的棺木經過街道，前往墓地。接著，他見到一個窮人只能用草席裹屍，但身後一片沉寂，沒有人送葬。塞特那轉向斯—奧西拉，大聲喊道，這名富人的送葬隊伍這麼龐大，他一定要比那個一無所有的窮人幸福得多。然而，出乎意料的是，斯—奧西拉回答說，他希望塞特那將來在西方擁有跟這名窮人一樣的命運。塞特那深感震驚及悲傷，兒子怎麼希望他有這麼可怕的命運！斯—奧西拉說了一件怪事，他問父親要不要看一下這兩名窮人和富人在西方的命運。塞特那驚訝地問：「你怎麼能做到這事？」但就在他說話時，他變得迷迷糊糊，不知道自己身在何處。

當塞特那恢復方向感時，已經站在杜阿特的第 4 大廳了。四周的人正在編織繩索，繩索又被驢子咬壞。還有一些人，他們上方掛著水和麵包糧食，但當他們跳起來取食時，就有人在他們腳下挖坑。塞特那和斯—奧西拉離開這些受苦受難的人，進

入高貴靈魂才能入列的第 5 大廳，被指控犯下暴力罪行的人們在門外懇求，門軸插在一個人的右眼中，他痛得大喊。塞特那和斯—奧西拉接著進入第 6 大廳，諸神的隊伍組成「西方居民議會」，西方的僕人站著彙報。

在第 7 大廳，塞特那看見歐西里斯的祕密樣子，頭戴阿太夫王冠的歐西里斯坐在上好黃金打造的王座。左側站著的是阿努比斯，右側則是托特，居民議會眾神則在兩神之旁。瑪阿特的羽毛放在房間中央的秤上，用來稱量人們的錯誤和善行。托特觀察並記錄下結果，再由阿努比斯向歐西里斯報告。那些惡行比善行多的人，會被阿米特吃掉，他們的巴（靈魂）和屍體都被毀滅了；這樣的人再也無法呼吸。相反的，過著美好生活的人，會被帶入西方之主的議會中，他們有著高貴精神的巴（靈魂）會升入天空。善行和惡行一樣多的人，則加入為索卡爾—歐西里斯服務的傑出靈魂之中。

當這對父子掃視大廳，瀏覽周圍景象及聲音時，塞特那發現歐西里斯旁邊站著一名男子，他裹著國王用的亞麻衣服，顯然地位很高。塞特那走上前去仔細觀察。

斯—奧西拉對他父親說：「你有沒有看到靠近歐西里斯的那個人，他裹著一件國王用的亞麻衣服？他就是你看到的那個窮人，他從孟斐斯被帶出來時是以草席裹屍：沒有人送葬。」斯—奧西拉繼續解釋，這個窮人被帶到杜阿特，受到諸神的審判。他們發現他做的好事要比做的壞事多，於是把富人的陪葬品給了他。他是一個高貴的靈魂，現在他為索卡爾—歐西里斯服務，被允許站在歐西里斯身邊。

斯—奧西拉說，富人也被帶到杜阿特，但他的過錯比他的善行多，被判處在西方受罰，所以他的右眼成了西方的門軸，嘴巴因疼痛吶喊永遠張開。這就是為什麼斯—奧西拉希望他父親在西方的最終命運，與窮人的命運一樣。塞特那又向兒子詢問，想多知道一點，剛剛在杜阿特其他大廳裡看到的其他人情況如何。那些編織驢子咬壞的繩子的人，對應著在塵世中被神詛咒的人，斯—奧西拉回答說，他們日夜為生計而工作，但他們的女人暗地裡偷他們的錢，所以他們找不到麵包吃。他們在塵世的遭遇，在西方也會發生。至於，水和麵包懸在上面總是遙不可及的那些人，對應著塵世裡那些生活就在眼前的人，但神在他們腳下挖了坑，阻止他們找到它。

「記住吧，我的父親塞特那，」斯—奧西拉說，「他在塵世裡是位仁慈的人，在西方，他們也會仁慈地對待他；而行事邪惡的人，他們對他也是邪惡的。這是確立不變的。」斯—奧西拉說完後，就和父親攜手出現在孟斐斯的墓區了。

曼瑞拉的杜阿特之旅

對斯—奧西拉和鬼魂來說，他們既能在塵世生活，也能去杜阿特，似乎沒有困難。但對於大多數人類來說，就算有可能離開杜阿特，也十分艱辛。可以在《曼瑞拉的故事》（*Tale of Meryre*）看到這一點，這則故事記載在西元前 6 世紀末期的《旺迪耶莎草紙書》（*Papyrus Vandier*），故事發生在斯索貝克（Sisobek）國王統治時期。曼瑞拉是一位熟練的法師和文吏，

法老宮廷的法師擔心曼瑞拉太厲害了，會讓他們丟掉飯碗，所以不告訴國王他的存在。然而，有天晚上，法老病了，他吃東西味如嚼泥，喝啤酒則淡如飲水，滿身是汗。法師被傳喚到他面前，看到法老都驚恐萬分，想起過去曾發生同樣的情況，先王傑德卡拉（Djedkare）曾得一模一樣的病。他們把書翻遍了想找到任何有用的資訊，很快地發現斯索貝克只剩下 7 天壽命，並且意識到唯一能夠延長國王生命的人是曼瑞拉。嫉妒的法師只好首度向國王透露有這個人，但也明白這是永遠除掉曼瑞拉的絕佳機會。

曼瑞拉被傳喚入宮，法老問他如何延長生命。曼瑞拉卻哭了起來，讓國王不禁訝異，曼瑞拉含淚解釋，他為了延長法老的生命，必須獻出自己的生命：因為一命抵一命，都有人得死。曼瑞拉不願意當斯索貝克的替身，把自己獻給神，需要國王給他說服自己的理由，才同意拯救。事實上，法老為了讓曼瑞拉同意，不得不承諾賜給他死後的哀榮，會把他的名字放在神廟。曼瑞拉又要求法老為了報答他的犧牲，要給他更多好處。他讓法老在普塔面前發誓：會照顧曼瑞拉的遺孀，不許任何男人多看她一眼或進入他家。他還語帶威脅地要法老殺死那些嫉妒他的法師的孩子。因為他們明知把曼瑞拉的存在告訴國王，會致他於死，卻毫不猶豫地說出來。法老同意了這兩個要求。於是，曼瑞拉滿意了，他回家刮了鬍子，穿上一件精緻的亞麻長袍，為他的來世做準備。與此同時，法老前往赫利奧波利斯，向眾神獻祭，藉此確保曼瑞拉的旅程安全。

接下來的文字出現了一大段空白。

　　當故事重續時，曼瑞拉正向法老解釋，他會接近歐西里斯並以國王的名義祈禱；顯然該是曼瑞拉離開的時候了。他要法老離他遠一點，甚至連看都不要看，然後立即步入杜阿特之中。在他抵達的一瞬間，甚至還不能確定自己的方位之前，哈托爾女神就到他跟前，她熱情地向曼瑞拉問候，問他想要什麼。「請求延長法老的壽命，」他回答說，於是她就把他帶到歐西里斯面前。大神免去所有的客套話，向曼瑞拉詢問了埃及神廟的狀況，還有其他一些事情。只有當歐西里斯對塵世的狀況滿意後，才會同意延長法老的壽命。然而，與此同時，歐西里斯不許曼瑞拉重返人間，要把他永遠留在杜阿特中。

　　儘管曼瑞拉被困在杜阿特，但哈托爾當然沒有這樣的限制，她前往活人世界去慶祝她的節日。她一回來，曼瑞拉便急切地問她所見所聞，法老有遵守諾言嗎？不幸的是，她帶回來的並不是好消息：法老娶了曼瑞拉的妻子，封為王后，還霸占他的房子，殺死了他的兒子。曼瑞拉震驚不已，淚流滿面，他問法老怎麼能如此卑劣行事。哈托爾的回答並不意外：嫉妒的法師慫恿法老這麼做，他們用詭計操縱了懦弱的國王。曼瑞拉火冒三丈，亟欲復仇，他抓起一把黏土，把它捏成一個男人的形狀。他用法力讓泥人活了，命令泥人照著他的命令行事，派他到活人的世界去對付法老。

　　泥人一入宮，就來到斯索貝克法老面前，要他把那些法師丟到穆特的爐子燒死。法老大驚之下，愣住了，一動也不動地坐著。過了一段時間（也許是在慎思自己的邪惡行為），他喚來法師們，但沒有人知道該說什麼或做什麼。當他們爭論不休

時，泥人一再複述他的要求，把這些人嚇得心煩意亂。最終，
法老決定按照這個超自然存有的要求，處決了法師們（也許法
老確信自己還會找到新法師）。泥人贏了，他拿著一束鮮花，
回到杜阿特，告訴曼瑞拉所發生的一切。曼瑞拉欣喜若狂，慶
祝自己復了仇，將花朵帶給了歐西里斯。歐西里斯困惑不已，
他問道：「你去過人間了嗎？」於是，曼瑞拉就把他那神奇的
泥人故事又說了一遍。

　　遺憾的是，這個故事的其餘部分已經失傳。

時間終結的最後時刻，
世界將重新回到努恩之
水。

眾神也會死 ▷

　　儘管埃及人沉迷永恆，但他們也已預見所有事物都有終結之時，甚至諸神也是如此。神的權威不僅受到地點或職司所限，還有時間限制。就像所有被造生物一樣，神也有一定的壽命。然而，埃及人認為存在都有週期。太陽神每天都會死去，但午夜時分他會重新煥發活力，準備好於早晨重生。死亡是恢復活力過程的一個階段，因為唯有透過死亡，虛弱年老之人才能恢復年輕的活力。

　　這種多樣性是創世的關鍵要素，它將世界從無限、惰性、未分化的努恩之中分離出來。對埃及人來說，存在的萬事萬物都可以被命名，它們具有獨特、獨立、活性和多樣的特徵。與存在相反的，是不存在、非活性和未分化。所以，作為這世界一部分的神，必然也是多樣化、獨特的，必有其限制。死亡是最終的邊界。雖然眾神可能是強有力的存有，但就像其他人一樣，他們必須遵循同樣的規則才能存在。

沒錯，這是世界末日（但你感覺還不錯）　▷

我要摧毀我所創造的一切，這個世界將會重返水域（努恩）和洪水，就如最初的狀態。

──────────────────── 《亡靈書》咒語 175

吉薩（Giza）的尼羅河洪水。

　　埃及人預見，在距今天數百萬年之後的時間盡頭，努恩之水
會重新收回被造世界。這是阿圖本人發起的毀滅行為，將會讓
一切恢復到原來的狀態。在這場災難之後，只有阿圖和歐西里
斯會活下來。他們會變形成無人得知、連神也見不到的蛇。這
時，他們會坐在一個地方，土丘即成城鎮、城鎮即成土丘。但
前景並非完全黯淡。阿圖和歐西里斯仍在惰性的努恩之水裡，
阿圖是所有物質創造的顯化，歐西里斯則是再生的力量。

　　就像一個充滿巨大懸念的結局，在時間的盡頭，新生命的潛
力仍在那裡。

後記

終有一天，埃及人以忠誠的頭腦和勤勉的敬畏禮拜神明，看起來卻沒有任何作用。他們所有的神聖崇拜都將落空，毫無聲響地消失，因為神會從大地返回到天堂，而埃及將會被拋棄……哦，埃及，埃及，你那虔誠的行為將只存留在故事裡，而這些故事會讓你的子孫難以置信！只有那些刻在石頭上的話語會存留下來，講述你的敬行……

——《阿斯克勒庇俄斯》第 24 章

　　上述引文出自於一篇更長的哀悼文，作者是西元 2 世紀或 3 世紀羅馬統治時期住在埃及的希臘人。這篇哀悼文描述埃及人在羅馬統治下，敏銳地意識到他們的神的時代正在終結。一些羅馬人，例如詩人尤維納利斯（Juvenal），甚至對古代宗教抱持著諷刺的蔑視態度：「誰不知道精神錯亂的埃及人珍愛的都是些什麼怪物？」他寫道，「有人崇拜鱷魚；有人向以蛇為食的朱鷺致敬；有的地方還為一隻長尾聖猴塑起金像！」不久之後，隨著民眾先後改信基督教和伊斯蘭教，埃及神確實退出了他們的土地，許多神像被焚毀破壞。此後，古埃及的古蹟一直慢慢崩毀，埃及神像遭到攻擊，有些神廟挪作他用。石頭上刻寫的文字仍然存在，但它們的意義已經喪失了。

　　隨著時間的流逝，古埃及人變成了神話。古埃及人和他們的世界（至少是我們以支離破碎的知識所建構出的古埃及世界）已經離他們曾存在的時間越來越遠了，全球人們的想像也脫離了古埃及人和古埃及世界的現世觀，任意換上天馬行空的各種

隨著時間的推移，埃及古蹟逐漸消
失在沙漠之下。

想像，「古埃及」變成了一處神奇之地，這裡任何事情都有可
能發生：從《聖經》記載尼羅河水變成血，到獅身人面像爪下
隱藏的密室，埃及和過去長遠的歷史失去連結，被它獨有的世
界取而代之，和今天的物理和限度無關。有人說古埃及人是失
落的亞特蘭提斯（Atlantis）的聰慧住民，有人說古埃及人建
造了金字塔發電廠，還有人說古埃及人擁有外星人的技術；顯
然古埃及人擁有了一切，但最確鑿的證據顯示了一幅更簡單的
樣貌：古埃及是一個歷史悠久的農業社會，由少數貴族和半神
的君主統治，發展出一套獨特的觀點和看法，並且像任何其他
文明一樣，也有高峰低谷，最終就像所有的創造物一樣，都會
發生變化，進入新的階段。

一個農業社會：採收用來釀酒的葡萄，以及準備晚餐要吃的鳥禽。

　　提及埃及，人們想到法老及永存的古蹟，但圖坦卡門和大金字塔並不是古埃及的全部，它們只是整個古埃及的小碎片而已。有些另類作家的意見剛好相反，在他們的作品中，大金字塔在埃及文明中扮演著特別重要的角色，彷彿整個古代世界都繞著金字塔那曾經閃閃發光的塔頂而存在。即使略過「新時代」以及另類理論家的幻想不談，學界對古埃及還是神祕難解。儘管新資料不斷出現，但遺憾的是，古埃及離我們所處的時代太遙遠了，很難全面佐證當時的生活和事件。尤其我們總是把多數佐證理想化，詮釋古埃及文明有其必要，而且有詮釋就有想像，無論我們多麼努力想排除它。

　　像追逐夕陽下正在消失的遠方形影一樣，我們根據古埃及人的影子，測量他們留在沙地的腳印，勾畫出古埃及人及其生活的圖景。他們的真實自我依然難以捉摸、遙不可及，但他們把個性的力量刻在已棄置的個人財產上，在他們壯麗的廢墟中隱隱可見，並且顯示在他們的神話中。從這些零散的碎片中，我

獅身人面像和吉薩金字塔：
埃及的象徵標誌。

們各自模擬創造出屬於我們自己的古埃及，有些模擬比其他模擬更精確，有些更富幻想，但所有人的模擬都不全面、也都是獨一無二的。古埃及神話總在不斷變化，不斷更新。

古埃及人非常著迷於自己的名字和留下文據，因為如果你的名字不再被人訴說，你會遭遇第二次、也是最終的死亡。我喜歡這樣想：古埃及人對自己的名字被人關注深感困惑，但他們也會將這種關注視為自己做得還不錯的象徵。只要他們的名字繼續被提及，他們才不在乎現代人怎麼想大金字塔如何建造，管它是亞特蘭提斯的技術支持，還是得到外星人的幫助？也許令古埃及人覺得不悅的是，現代人想要否認古埃及人創造出這些成就，但只要他們能被記住，主要目標就達成了。我們對古埃及的現代迷思，正好實現古埃及人想被人們記得的目的；這些現代迷思讓埃及人跨越時空來到我們面前，儘管旅途期間經過了過濾與重新調整，但仍然保留他們身分的痕跡。古埃及人就像他們的神一樣，無形無狀，今日我們只能透過他們的雕刻和畫像來經驗。

他們將作為神話繼續存在。

延伸閱讀 ▷

JARCE = *Journal of the American Research Center in Egypt*（埃及《美國研究中心雜誌》）

JEA = *Journal of Egyptian Archaeology*（《埃及考古學雜誌》）

埃及神話與宗教綜合讀物

David, R., *Religion and Magic in Ancient Egypt* (London and New York, 2002).

Dunand, F., and C. M. Zivie-Coche, *Gods and Men in Egypt: 3000 BCE to 395 CE* (transl. D. Lorton; Ithaca, NY, and London, 2004).

Hart, G., *Egyptian Myths* (London and Austin, 1990).

Hornung, E., *Conceptions of God in Ancient Egypt: The One and the Many* (transl. J. Baines; Ithaca, NY, 1982).

Meeks, D., and C. Favard-Meeks, *Daily Life of the Egyptian Gods* (transl. G. M. Goshgarian; London and Ithaca, NY, 1997).

Morenz, S., *Egyptian Religion* (Ithaca, 1973).

Pinch, G., *Handbook of Egyptian Mythology* (Santa Barbara, Denver, Oxford, 2002).

一, *Egyptian Mythology: A Guide to the Gods, Goddesses and Traditions of Ancient Egypt* (Oxford and Santa Barbara, 2002).

一, *Egyptian Mythology: A Very Short Introduction* (Oxford and New York, 2004).

Quirke, S., *Ancient Egyptian Religion* (London and New York, 2000).

Redford, D., (ed.), *The Oxford Encyclopedia of Ancient Egypt* (3 vols; Oxford and New York, 2001).

一, (ed.), *The Oxford Essential Guide to Egyptian Mythology* (Oxford, 2003).

Shafer, B. E., (ed.), *Religion in Ancient Egypt: Gods, Myths, and Personal Practice* (London and Ithaca, NY, 1991).

Shaw, I., and P. Nicholson, *The BM Dictionary of Ancient Egypt* (London, 1995).

Spence, L., *Ancient Egyptian Myths and Legends* (1915).

Thomas, A., *Egyptian Gods and Myths* (Aylesbury, 1986).

Tyldesley, J., *Myths and Legends of Ancient Egypt* (London, 2010).

Wilkinson, R. H., *The Complete Gods and Goddesses of Ancient Egypt* (London and New York, 2003).

原始文本及其譯本

Allen, J. P., *The Ancient Egyptian Pyramid Texts* (Leiden and Boston,

2005).

Bakir, A. el-M., *The Cairo Calendar No. 86637* (Cairo, 1966).

Betz, H. D., *The Greek Magical Papyri in Translation Including the Demotic Spells* (Chicago and London, 1986).

Borghouts, J. F., *Ancient Egyptian Magical Texts* (Leiden, 1978).

Diodorus Siculus, *Library of History* (transl. C. H. Oldfather; Book I; London and New York, 1933).

Faulkner, R., O., *The Ancient Egyptian Coffin Texts* (3 vols; Warminster, 1972–78).

—, *The Ancient Egyptian Book of the Dead* (ed. C. Andrews; London and New York, 1985).

Lichtheim, M., *Ancient Egyptian Literature* (3 vols; Berkeley and London, 1975–80).

Manetho, *Aegyptiaca* (transl. W. G. Wadell; London, 1940).

Meeks, D., *Mythes et légendes du Delta d'après le papyrus Brooklyn 47.218.84* (Cairo, 2006).

Parkinson, R., *Voices from Ancient Egypt: An Anthology of Middle Kingdom Writings* (London and Norman, 1991).

Plutarch, Moralia. *Vol. v: Isis and Osiris* (transl. F. C. Babbitt; London and Cambridge, MA, 1936).

Simpson, W. K., et al., *The Literature of Ancient Egypt* (Cairo, 2003).

Smith, M., *Traversing Eternity: Texts for the Afterlife from Ptolemaic and Roman Egypt* (Oxford, 2009).

Vandier, J., *Le Papyrus Jumilhac* (Paris, 1961).

前言

Baines, J., 'Myth and Discourse: Myth, Gods, and the Early Written and Iconographic Record.' *Journal of Near Eastern Studies 50* (1991), 81–105.

Tobin, V. A., 'Mytho-Theology of Ancient Egypt.' *JARCE 25* (1988), 69–183.

第 1 章：失序與創世

Allen, J. P., *Genesis in Egypt: The Philosophy of Ancient Egyptian Creation* (New Haven, 1988).

Assmann, J., *Egyptian Solar Religion in the New Kingdom: Re, Amun and the Crisis of Polytheism* (transl. A. Alcock; London and New York, 1995).

Bickel, S., *La cosmogonie égyptienne: avant le nouvel empire* (Freiburg, 1994).

Borghouts, J. F., 'The Evil Eye of Apophis.' *JEA 59* (1973), 114–50.

Faulkner, R. O., 'The Bremner-Rhind Papyrus: IV.' *JEA 24* (1938), 41–53.

Iversen, E., 'The Cosmogony of

244

the Shabaka Text' in S. Israelit-Groll (ed.), *Studies in Egyptology Presented to Miriam Lichtheim.* Vol. 1 (Jerusalem, 1990), 485–93.

Kemboly, M., *The Question of Evil in Ancient Egypt* (London, 2010).

Mathieu, B., 'Les hommes de larmes: A propos d'un jeu de mots mythique dans les textes de l'ancienne Egypte' in A. Guillaumont, *Hommages à François Daumas.* Vol. II (Montpellier, 1986), 499–509.

Morenz, L. D., 'On the Origin, Name, and Nature of an Ancient Egyptian Anti-God.' *Journal of Near Eastern Studies* 63 (2004), 201–5.

Moret, A., *Le rituel du culte divin journalier en Égypte: d'après les papyrus de Berlin et les textes du temple de Séti Ier, à Abydos* (Genf, 1902).

Saleh, A., 'The So-Called "Primeval Hill" and Other Related Elevations in Ancient Egyptian Mythology.' *Mitteilungen des Deutschen Archäologischen Instituts, Abteilung Kairo* 25 (1969), 110–20.

Sandman-Holmberg, M., *The God Ptah* (Lund, 1946).

Sauneron, S., *Le Temple d'Esna* (5 vols; Cairo, 1959–69).

Schlögl, H. A., *Der Gott Tatenen* (Freiburg, 1980).

Tower Hollis, S., 'Otiose Deities and the Ancient Egyptian Pantheon.' *JARCE* 35 (1998), 61–72.

West, S., 'The Greek Version of the Legend of Tefnut.' *JEA* 55 (1969), 161–83.

第 2 章：拉、舒與蓋伯的王權統治

Beinlich, H., *Das Buch vom Fayum: Zum religiösen Eigenverständnis einer ägyptischen Landschaft* (Wiesbaden, 1991).

Fairman, H. W., 'The Myth of Horus at Edfu: I.' *JEA* 21 (1935), 26–36.

Goyon, G., '*Les travaux de Chou et les tribulations de Geb d'après Le Naos 2248 d'Ismaïlia.*' *Kemi* 6 (1936), 1–42.

Guilhou, N., 'Myth of the Heavenly Cow' in J. Dieleman and W. Wendrich (eds), *UCLA Encyclopedia of Egyptology* (Los Angeles, 2010), http://digital2.library.ucla.edu/viewItem.do?ark=21198/zz002311pm

Gutbub, A., *Textes Fondamentaux de la théologie de Kom Ombo* (Cairo, 1973).

Hornung, E., *Der ägyptische Mythos von der Himmelskuh: eine Ätiologie des Unvollkommenen* (Freiburg, 1982).

Junker, H., *Die Onurislegende* (Berlin,

1917).

Spiegelberg, W., *Der Ägyptische Mythus vom Sonnenauge, der Papyrus der Tierfabeln, Kufi. Nach dem Leidener demotischen Papyrus I 384* (Strassburg, 1917).

第 3 章：歐西里斯的王權統治

Caminos, R., 'Another Hieratic Manuscript from the Library of Pwerem Son of Ḳiḳi (Pap. B.M. 10288).' *JEA* 58 (1972), 205–24.

Daumas, F., 'Le sanatorium de Dendara.' *Bulletin de l'Institut français d'archéologie orientale* 56 (1957), 35–57.

Derchain, P. J., *Le Papyrus Salt 825 (B.M. 10051): Rituel pour la conservation de la vie en Égypte* (Brussels, 1965).

Faulkner, R. O., 'The Pregnancy of Isis.' *JEA* 54 (1968), 40–44.

—,'Coffin Texts Spell 313.' *JEA* 58 (1972), 91–94.

—, '"The Pregnancy of Isis", a Rejoinder.' *JEA* 59 (1973), 218–19.

Gardiner, A. H., *Hieratic Papyri in the BM* (2 vols; London, 1935).

Griffiths, J. G., *Plutarch's De Iside et Osiride* (Cardiff, 1970).

Moret, A., 'La légende d'Osiris à l'époque thébaine d'après l'hymne à Osiris du Louvre.' *Bulletin de l'Institut français d'archéologie*

orientale 30 (1931), 725–50.

Osing, J., *Aspects de la culture pharaonique: Quatre leçons au Collège de France* (février–mars, 1989) (Paris, 1992).

Quack, J. F., 'Der pränatale Geschlechtsverkehr von Isis und Osiris sowie eine Notiz zum Alter des Osiris.' *Studien zur altägyptischen Kultur 32* (2004),327–32.

Sauneron, S., 'Le rhume d'Anynakhté (Pap. Deir el-Médinéh 36).' *Kemi* 20 (1970), 7–18.

Tower Hollis, S., *The Ancient Egyptian 'Tale of Two Brothers': A mythological, Religious, Literary, and Historico-Political Study* (Oakville, 2008).

Troy, L., 'Have a Nice Day! Some Reflections on the Calendars of Good and Bad Days' in G. Englund (ed.), *The Religion of the Ancient Egyptians: Cognitive Structures and Popular Expressions* (Uppsala, 1989), 127–47.

Yoyotte, J., 'Une notice biographique de roi Osiris.' *Bulletin de l'Institut français d'archéologie orientale 77* (1977), 145–49.

第 4 章：塞特奪位與荷魯斯的勝利

Blackman, A. M., and H. W. Fairman,'The Myth of Horus at

Edfu: II. C. The Triumph of Horus over His Enemies: A Sacred Drama.' *JEA* 29 (1943), 2–36

— and —, 'The Myth of Horus at Edfu: II. C. The Triumph of Horus over His Enemies: A Sacred Drama (Concluded).' *JEA* 30 (1944), 5–22.

Broze, M., *Les Aventures d'Horus et Seth dans le Papyrus Chester Beatty I.* (Leuven, 1996).

Colin, M., 'The Barque Sanctuary Project: Further Investigation of a Key Structure in the Egyptian Temple' in Z. Hawass and L. Pinch Brock, *Egyptology at the Dawn of the Twenty-First Century.* Vol. II (Cairo and New York, 2002), 181–86.

De Buck, A., *The Egyptian Coffin Texts.* Vol. I (Chicago, 1935).

Fairman, H. W., 'The Myth of Horus at Edfu: I.' *JEA* 21 (1935), 26–36.

Gardiner, A. H., 'Horus the Behdetite.' *JEA* 30 (1944), 23–60.

Goyon, J., *Le papyrus d'Imouthès fils de Psintaês au Metropolitan Museum of Art de New York* (Papyrus MMA 35.9.21) (New York, 1999).

Griffiths, J. G., *The Conflict of Horus and Seth from Egyptian and Classical Sources* (Liverpool, 1960).

—, '"The Pregnancy of Isis": A Comment.' *JEA* 56 (1970), 194–95.

Kurth, D., 'Über Horus, Isis und Osiris' in Ulrich Luft (ed.), *The Intellectual Heritage of Egypt. Studia Aegyptiaca* 14 (Budapest, 1992), 373–78.

O'Connell, R. H., 'The Emergence of Horus: An Analysis of Coffin Text Spell 148.' *JEA* 69 (1983), 66–87.

Scott, N. E., 'The Metternich Stela.' *Bulletin of the Metropolitan Museum of Art* 9 (1951), 201–17.

Shaw, G. J., *The Pharaoh: Life at Court and on Campaign* (London and New York, 2012).

Smith, M., 'The Reign of Seth' in L. Bareš, F. Coppens and K. Smoláriková (eds), *Egypt in Transition, Social and Religious Development of Egypt in the First Millenium BCE* (Prague, 2010), 396–430.

Swan Hall, E., 'Harpocrates and Other Child Deities in Ancient Egyptian Sculpture.' *JARCE* 14 (1977), 55–58.

第 5 章：神話下的生活環境

Allen, J. P. 'The Egyptian Concept of the World' in D. O'Connor and S. Quirke (eds), *Mysterious Lands* (London and Portland, 2003), 23–30.

Fischer, H. G., 'The Cult and Nome of the Goddess Bat.' *JARCE* 1 (1962),

7–18.

Griffiths, J. G., 'Osiris and the Moon in Iconography.' *JEA* 62 (1976), 153–59.

Hornung, E., *The Ancient Egyptian Books of the Afterlife* (transl. D. Lorton; Ithaca, NY, and London, 1999).

Kees, H., *Ancient Egypt: A Cultural Topography* (transl. I. F. D. L. Morrow; London, 1961).

Raven, M. J., 'Magic and Symbolic Aspects of Certain Materials in Ancient Egypt.' *Varia Aegyptiaca* 4 (1989), 237–42.

Ritner, R. K., 'Anubis and the Lunar Disc.' *JEA* 71 (1985), 149–55.

Symons, S., *Ancient Egyptian Astronomy, Timekeeping and Cosmography in the New Kingdom* (Unpublished Doctoral thesis, University of Leicester, 1999).

Wells, R. A., 'The Mythology of Nut and the Birth of Ra.' *Studien zur altägyptischen Kultur* 19 (1992), 305–21.

第 6 章：處理日常生活中的無形之物

Baines, J., 'Practical Religion and Piety.' *JEA* 73 (1987), 79–98.

Dawson, W. R., 'An Oracle Papyrus. B.M. 10335.' *JEA* 11 (1925), 247–48.

Eyre, C. J., 'Belief and the Dead in Pharaonic Egypt' in M. Poo (ed.), *Rethinking Ghosts in World Religions* (Leiden and Boston, 2009), 33–46.

Galán, J. M., 'Amenhotep Son of Hapu as Intermediary Between the People and God' in Z. Hawass and L. Pinch Brock (eds), *Egyptology at the Dawn of the Twenty-First Century.* Vol. II (Cairo and New York, 2003), 221–29.

Lesko, L. H., (ed.), *Pharaoh's Workers, the Villagers of Deir El Medina* (Ithaca, NY, and London, 1994).

Montserrat, D., *Sex and Society in Graeco-Roman Egypt* (London and New York, 1963).

Parker, R. A., *A Saite Oracle Papyrus from Thebes from Thebes in the Brooklyn Museum* (P. Brooklyn 47.218.3) (Providence, 1962).

Quaegebeur, J., *Le dieu egyptien Shai dans la religion et l'onomastique* (Leuven, 1975).

Raven, M. J., *Egyptian Magic* (Cairo and New York, 2012).

Ray, J. D., 'An Inscribed Linen Plea from the Sacred Animal Necropolis, North Saqqara.' *JEA* 91 (2005), 171–79.

Ritner, R. K., 'O. Gardiner 363: A Spell Against Night Terrors.' *JARCE* 27 (1990), 25–41.

—, *The Mechanics of Ancient Egyptian Magical Practice* (Chicago, 1997).

一, 'Household Religion in Ancient Egypt' in J. Bodel and S. M. Olyan (eds), *Household and Family Religion in Antiquity* (Oxford and Malden, 2008), 171–96.

一, 'An Eternal Curse upon the Reader of These Lines (with Apologies to M. Puig)' in P. I. M. Kousoulis (ed.), *Ancient Egyptian Demonology, Studies on the Boundaries between the Demonic and the Divine in Egyptian Magic* (Leuven and Walpole, 2011), 3–24.

Ryholt, K., *The Story of Petese Son of Petetum and Seventy Other Good and Bad Stories* (P. Petese) (Copenhagen, 1999).

Sauneron, S., *The Priests of Ancient Egypt* (Ithaca, NY, and London, 2000).

Szpakowska, K., *Behind Closed Eyes, Dreams and Nightmares in Ancient Egypt* (Swansea, 2003).

一, *Daily Life in Ancient Egypt* (Malden and Oxford, 2008).

一, 'Demons in the Dark: Nightmares and other Nocturnal Enemies in Ancient Egypt' in P. I. M. Kousoulis (ed.), *Ancient Egyptian Demonology, Studies on the Boundaries between the Demonic and the Divine in Egyptian Magic* (Leuven and Walpole, 2011), 63–76.

Teeter, E., *Religion and Ritual in Ancient Egypt* (Cambridge and New York, 2011).

第 7 章：通過杜阿特考驗的指南

Assmann, J., *Death and Salvation in Ancient Egypt* (transl. D. Lorton; Ithaca and London, 2005).

Kemp, B. J., *How to Read the Egyptian Book of the Dead* (London, 2007; New York, 2008).

Robinson, P., "As for them who know them, they shall find their paths": Speculations on Ritual Landscapes in the "Book of the Two Ways" in D. O'Connor and S. Quirke (eds), *Mysterious Lands* (London and Portland, 2003), 139–59.

Spencer, A. J., *Death in Ancient Egypt* (Harmondsworth and New York, 1982).

Taylor, J. H., *Death and the Afterlife in Ancient Egypt* (London and Chicago, 2001).

一, *Journey Through the Afterlife: Ancient Egyptian Book of Dead* (London and Cambridge, MA, 2010).

第 8 章：你的審判以及成為阿赫

Assmann, J., *The Mind of Egypt: History and Meaning in the Time of the Pharaohs* (New York and London, 2002).

一, *Ma'at: Gerechtigkeit und Unsterblichkeit im Alten Ägypten* (München, 2006).

Englund, G., *Akh – une notion religieuse dans l'Égypte pharaonique* (Uppsala, 1978).

Friedman, F., *On the Meaning of Akh (3H) in Egyptian Mortuary Texts* (Ann Arbor, 1983).

Lesko, L. H., 'The Field of Ḥetep in Egyptian Coffin Texts.' *JARCE* 9 (1971–72), 89–101.

後記

Copenhaver, B. P., Hermetica. *The Greek Corpus Hermeticum and the Latin Asclepius in a New English Translation* (Cambridge and New York, 1992).

Jeffreys, D., (ed.), *Views of Ancient Egypt since Napoleon Bonaparte: Imperialism, Colonialism, and Modern Appropriations* (London and Portland, 2003).

McDonald, S., and M. Rice (eds), *Consuming Ancient Egypt* (London, 2003).

Reid, D. M., *Whose Pharaohs? Archaeology, Museums and Egyptian National Identity from Napoleon to World War I* (Berkeley and London, 2002).

Riggs, C., 'Ancient Egypt in the Museum: Concepts and Constructions' in A. B. Lloyd (ed.), *A Companion to Ancient Egypt* (Oxford and Malden, 2010), 1129–53.

延伸閱讀

圖片出處 ▷

以下按頁碼排列：

1 Detail of the statue of Sesostris I from Lisht, now in the Metropolitan Museum of Art, New York. Drawn by Philip Winton; **2** Wall painting from the 19th Dynasty tomb of Tawosret in the Valley of the Kings. Photo Richard Harwood; **7** Detail from the Book of the Dead of Nakht. British Museum, London; **8** Late Period cippus. Walters Art Museum, Baltimore; **9** Detail from the Book of the Dead of Userhat. British Museum, London; **13** Undated engraving. Bettmann/Corbis; **19**（上）Detail from the Book of the Dead of Anhai. British Museum, London; **19**（下）Detail from the sarcophagus of Wereshnefer. From The Metropolitan Museum of Art Bulletin, vol. 9, no. 5, May 1914; **21** Early 26th Dynasty pyramidion of Wedjahor, possibly from Abydos. The Trustees of the British Museum; **23** Wall painting from the 19th Dynasty tomb of Seti I at Abydos. Photo Jeremy Stafford-Deitsch; **27**（左）Wall painting from the 18th Dynasty tomb of Horemheb in the Valley of the Kings. Photo Claudia Stubler; **27**（右）Wall painting from the 20th Dynasty tomb of Montuherkhepeshef in the Valley of the Kings. Photo Tadao Ueno; **28** Wall painting from the 19th Dynasty tomb of Ramesses I in the Valley of the Kings. Francis Dzikowski/akg-images; **30** Wall painting from the 19th Dynasty tomb of Nefertari in the Valley of the Queens. S. Vannini/DeA Picture Library/The Art Archive; **31**（左）Drawn by Philip Winton; **31**（右）26th Dynasty statuette. British Museum, London; **33** Wall painting from the 19th Dynasty tomb of Siptah in the Valley of the Kings. Photo Richard Wilkinson; **35** Detail from the Book of the Dead of Nestanebtasheru. British Museum, London; **39** Wall painting from the 19th Dynasty tomb of Ramesses I in the Valley of the Kings. Francis Dzikowski/akg-images; **40** Wall painting from the 20th Dynasty tomb of Khaemwaset in the Valley of the Queens. Araldo de Luca/The Art Archive; **42** Wall painting from the 20th Dynasty tomb of Tausert (later of Setnakht) in the Valley of the Kings. Photo Wesley Mann; **43** Detail from the Book of the Dead of Ani. British Museum, London; **49** Wall painting from the 19th Dynasty tomb of Nefertari in the Valley of the Queens. Photo Marcelo Romano; **51** Wall painting from the 18th Dynasty tomb of Horemheb in the Valley of the Kings. Photo Yoshiko Ogawa; **53** Wall painting from the 19th Dynasty tomb of Nefertari in the Valley of the Queens. S. Vannini/DeA Picture Library/The Art Archive; **55** Late Period statuette group. Museum of Fine Arts, Budapest; **62** Undated bronze statuette. Williams College Museum of Art, Massachusetts; **64** 18th Dynasty statue. British Museum, London; **68** Drawing of the wall painting from the 19th Dynasty tomb of Seti in the

Valley of the Kings. From James Henry Breasted, A History of the Ancient Egyptians, 1908; **72** 19th Dynasty relief from the Great Hypostyle hall at Karnak. Werner Forman/Universal Images Group/Getty Images; **76** Wall painting from the 19th Dynasty tomb of Sennedjem in the Valley of the Kings. Gianni Dagli Orti/The Art Archive; **77** Detail from the Book of the Dead of Hunefer. British Museum, London; **78** Detail from the Book of the Dead of Ani. British Museum, London; **83** Detail from a Graeco-Roman coffin. Metropolitan Museum of Art, New York; **85** Wall painting from the 19th Dynasty tomb of Sennedjem at Deir el-Medina. G. Lovera/DeA Picture Library/The Art Archive; **88** Roman Period scene from the Osiris Chapel in the Temple of Hathor at Dendera. Andrea Jemolo/akg-images; **96** 20th Dynasty statuette. Egyptian Museum, Cairo; **97** Wall painting from the 18th Dynasty tomb of Horemheb in the Valley of the Kings. Photo Richard Wilkinson; **101** Wall painting from the 19th Dynasty tomb of Nefertari in the Valley of the Queens. Photo Brad Miller; **107** Wall painting from the 20th Dynasty tomb of Montuherkhepeshef in the Valley of the Kings. Photo Tadao Ueno; **110** 18th Dynasty statuette. Egyptian Museum, Cairo; **115** Section of the Pyramid Texts inscribed in the Pyramid of Pepi I. Petrie Museum of Egyptian Archaeology, University College, London; **116** The Shabako Stone, 25th Dynasty. British Museum, London; **121** Wall painting from the 19th Dynasty tomb of Ramesses I in the Valley of the Kings. Andrea Jemolo/akg-images; **126** Detail from the Late Period sarcophagus of Wereshnefer. From The Metropolitan Museum of Art Bulletin, vol. 9, no. 5, May 1914; **127** Wall painting from the 19th Dynasty tomb of Nefertari in the Valley of the Queens. S. Vannini/DeA Picture Library/The Art Archive; **128** Roman Period relief from the Temple of Hathor at Dendera. Mountainpix/Shutterstock.com; **131** Detail from the Book of the Dead of Cheritwebeshet. Egyptian Museum, Cairo/Werner Forman Archive; **133** Relief from the Great Palace at Amarna. Egyptian Museum, Cairo; **134** Reconstruction of the Dendera Zodiac from the roof of the Osiris Chapel in the Temple of Hathor at Dendera. Drawn by Dominique Vivant Denon; **135** Wall painting from the 19th Dynasty tomb of Seti in the Valley of the Kings. DeAgostini/SuperStock; **137** Drawing of a wall painting from the temple at Deir el-Bahri. Drawn by Philip Winton; **138** Drawing of a Roman Period scene from the Temple of Hathor at Dendera. Drawn by Philip Winton; **141** Wall painting from the 18th Dynasty tomb of Thutmose III in the Valley of the Kings. Photo Asaf Braverman; **143** Undated statuette. Williams College Museum of Art, Massachusetts; **144** Wall painting from the 18th Dynasty tomb of Thutmose III in the Valley of the Kings. Photo José Acosta; **147** The Nile Delta from space. Jacques Descloitres, MODIS Land Science Team/NASA; **152** 18th Dynasty diadem of Tutankhamun. Egyptian Museum, Cairo; **154** 18th Dynasty statuette. Luxor Museum;

156 19th Dynasty faience plaque. Egyptian Museum, Cairo; 157 Kochneva Tetyana/ Shutterstock.com; 164 18th Dynasty statue. Egyptian Museum, Cairo; 165 18th Dynasty ear stela. The Trustees of the British Museum; 166 Late Period statuette. Museum of Fine Arts, Budapest; 168 Wall painting from the 19th Dynasty temple of Seti at Abydos. Photo Garry J. Shaw; 173 19th Dynasty wooden bust, possibly from Deir el-Medina. Metropolitan Museum of Art, New York; 174 20th Dynasty stela. Egyptian Museum, Cairo/Gianni Dagli Orti/Corbis; 175 Graeco-Roman statuette. Egyptian Museum, Cairo; 178 Drawn by Philip Winton; 182 30th Dynasty stela. Metropolitan Museum of Art, New York; 192 Detail from the Book of the Dead of Henutawy. The Trustees of the British Museum; 193 Wall painting from the 18th Dynasty tomb of Tutankhamun in the Valley of the Kings. François Guénet/akg-images; 194 Wall painting from the 19th Dynasty tomb of Irinufer in the Valley of the Kings. Photo Steve Gilmore; 195 Wall painting from the 19th Dynasty tomb of Nefertari in the Valley of the Queens. Photo Jerzy Nowak; 197 21st Dynasty canopic jars. British Museum, London; 200 Detail from a 12th Dynasty coffin. British Museum, London; 202 Detail from the Book of the Dead of Nesitanebisheru. British Museum, London; 204 Detail from a 21st Dynasty coffin. British Museum, London; 205 Detail from the Book of the Dead of Ani. British Museum, London; 209 Detail from an anonymous the Book of the Dead. British Museum, London; 213 Details from the Book of the Dead of Nakht. British Museum, London; 219 Detail from the Book of the Dead of Iahtesnakht. Universität zu Köln; 220 Detail from the Book of the Dead of Ani. British Museum, London; 221 17th Dynasty scarab. British Museum, London; 222 Wall painting from the 19th Dynasty tomb of Nefertari in the Valley of the Queens. DeAgostini/SuperStock; 223 Wall painting from the 20th Dynasty tomb of Ramesses vi in the Valley of the Kings. Photo Lien Le; 226 Detail from the Book of the Dead of Anhai. British Museum, London; 227 19th Dynasty shabti statuettes. British Museum, London; 233 Sphinx from Abu Simbel. Roger Wood/ Corbis; 235 Matson Photograph Collection/Library of Congress, Washington, D. C.; 238 Colossus from Abu Simbel. Photo Maxime Du Camp; 239 Wall painting from the 18th Dynasty tomb of Nakht in the Valley of the Kings. Metropolitan Museum of Art, New York; 240 Library of Congress, Washington, D.C.

譯名對照 ▷

阿拜多斯（Abydos）

阿凱爾（Aker）

阿赫那天（Akhenaten）

阿赫（akh/akhu）

《阿姆杜阿特》（*Amduat*）

阿蒙霍特普一世（Amenhotep I）

阿蒙霍特普三世
　　（Amenhotep III）

阿蒙霍特普，哈普之子
　　（Amenhotep , Son of Hapu）

阿米特（Ammit）

阿蒙（Amun）

阿蒙奈特（Amunet）

阿蒙－民（Amun-Min）

阿娜特（Anat）

阿努比斯（Anubis）

阿努凱特（Anuket）

阿芙羅黛蒂（Aphrodite）

阿芙羅黛蒂波利斯
　　（Aphroditopolis）

阿皮斯聖牛（Apis bull）

阿波羅（Apollo）

阿波斐斯（Apophis）

阿斯克勒庇俄斯（Asclepius）

阿什（Ash）

阿什塔特（Astarte）

阿太夫冠（atef-crown）

阿天（Aten）

阿圖（Atum）

巴比（Babi）

巴奈布傑丹特（Banebdjedet）

芭絲特（Bastet）

巴特（Bat）

巴（ba）／複數為巴烏（bau）

貝迪特（Behdet）

本努鳥（benu-bird）

貝斯（Bes）

《洞穴之書》（*Book of Caverns*）

《大門之書》（*Book of Gates*）

《亡靈書》（*Book of the Dead*）

《大地之書》（*Book of the Earth*）

《天牛之書》（*Book of the Heavenly Cow*）

《兩道之書》（*Book of Two Ways*）

布巴斯提斯（Bubastis）

布陀（Buto）

比布魯斯（Byblos）

卡諾卜罎（canopic jars）

《棺槨文》（*Coffin Texts*）

《荷米斯文集》（*Corpus*

雅赫（Iah）

伊赫（Ihy）

印何闐（Imhotep）

伊姆塞提（Imsety）

伊西絲（Isis）

卡（ka）

卡納克（Karnak）

考凱特（Kauket）

凱姆斯（Khemmis）

凱布利（Khepri）

克努姆（Khnum）

孔蘇（Khonsu）

科普托斯（Koptos）

庫克（Kuk）

瑪阿特（Maat）

曼芙丹特（Mafdet）

馬海斯（Mahes）

馬爾卡塔（Malkata）

曼奈托（Manetho）

曼亨（Mehen）

曼海特－威瑞特（Mehet-weret）

曼凱特（Mekhit）

孟斐斯（Memphis）

門德斯（Mendes）

曼瑞特珊格爾（Meretseger）

曼斯海奈特（Meskhenet）

民（Min）

穆特（Mut）

瑙奈特（Naunet）

妮菲塔莉（Nefertari）

奈夫圖（Nefertum）

奈海赫（neheh）

奈特（Neith）

奈赫伯特（Nekhbet）

奈姆提（Nemty）

奈芙蒂絲（Nephthys）

奈徹爾（netjer）

努恩（Nun）

努特（Nut）

八元神（Ogdoad）

翁布斯（Ombos）

歐努里斯（Onuris）

歐西里斯（Osiris）

帕凱特（Pakhet）

佩皮一世（Pepi I）

帕坦塞（Petese）

平圖里基奧（Pinturicchio）

普塔（Ptah）

普塔－索卡爾－歐西里斯（Ptah-Sokar-Osiris）

普塔－塔坦能（Ptah-Tatenen）

《金字塔文》（*Pyramid Texts*）

凱布山納夫（Qebehsenuef）

拉美西斯一世（Ramesses I）

拉美西斯三世（Ramesses III）

拉美西斯四世（Ramesses IV）

拉（Re）

紅冠（Red Crown）

拉一哈拉凱提（Re-Horakhety）

拉奈努坦特（Renenutet）

羅斯陶（Rostau）

盧提（Ruty）

薩赫（Sah）

賽斯（Sais）

塞加拉（Saqqara）

薩提特（Satet）

塞貝古（Sebegu）

塞赫麥特（Sekhmet）

塞爾凱特（Serqet）

塞莎特（Seshat）

塞特（Seth）

塞提一世（Seti I）

夏巴卡石碑（Shabaqo Stone）

夏伊（Shay）

塞日姆（Shezmu）

舒（Shu）

西阿（Sia）

天狼星（Sirius）

索貝克（Sobek）

索卡爾（Sokar）

荷魯斯之子（Sons of Horus）

索普丹特（Sopdet）

索普都（Sopdu）

獅身人面像（sphinx）

聖喬治屠龍（St George and the dragon）

泰特（Tait）

塔坦能（Tatenen）

塔薇瑞特（Taweret）

泰分（Tefen）

泰富努特（Tefnut）

底比斯（Thebes）

托特（Thoth）

圖坦卡門（Tutankhamun）

圖圖（Tutu）

堤豐（Typhon）

瓦吉特（Wadjet）

維普氏維特（Wepwawet）

維瑞特赫卡烏（Werethekau）

白冠（White Crown）

宙斯（Zeus）

西方四大神話2
生與死之埃及神話（二版）
The Egyptian Myths: A Guide to the Ancient Gods and Legends

作　　者　蓋瑞‧J‧蕭爾（Garry J. Shaw）
譯　　者　袁指揮
封面設計　廖韡
版面設計　廖韡
內頁排版　藍天圖物宣字社
責任編輯　王辰元
協力編輯　簡淑媛
校　　對　聞若婷

發 行 人　蘇拾平
總 編 輯　蘇拾平
副總編輯　王辰元
資深主編　夏于翔
主　　編　李明瑾
行銷企畫　廖倚萱
業務發行　王綏晨、邱紹溢、劉文雅

出　　版　日出出版
　　　　　新北市231新店區北新路三段207-3號5樓
　　　　　電話：（02）8913-1005 傳真：（02）8913-1056

發　　行　大雁出版基地
　　　　　新北市231新店區北新路三段207-3號5樓
　　　　　24小時傳真服務 （02）8913-1056
　　　　　Email：andbooks@andbooks.com.tw
　　　　　劃撥帳號：19983379　戶名：大雁文化事業股份有限公司

二版一刷　2023年11月
定　　價　450元
I S B N　978-626-7382-21-9

生與死之埃及神話／蓋瑞‧J‧蕭爾（Garry J. Shaw）
著；袁指揮譯. -- 二版. -- 臺北市：日出出版：大雁文
化發行, 2023.11
　　面；公分 -- （西方四大神話；2）
譯自：The Egyptian Myths: A Guide to the Ancient
　　　　Gods and Legends
ISBN　978-626-7382-21-9（平裝）

1. 神話　2. 埃及

286.1　　　　　　　　　　　　　　112018237

Published by arrangement with Thames & Hudson Ltd, London
through Big Apple Agency Inc.
The Egyptian Myths © 2014 Thames & Hudson Ltd, London
This edition first published in Taiwan in 2020 by Sunrise Press, Taipei
Taiwanese edition © 2023 Sunrise Press
本書譯稿由銀杏樹下（北京）圖書有限責任公司授權使用